Das Anti-Krebs-Kochbuch

Gewidmet Prof. Dr. Dietrich Schwägerl

Danksagung:
Bei Gudrun, Günther und Jürgen Kreutzberger möchte ich mich für ihre Unterstützung bei der Erstellung dieses Buches bedanken.

Prindet in Germany
Lektorat: Bernd Pallaschke
Redaktion und DTP: OmniText, Dümmer
Titelgestaltung: ratz-fatz, Melsungen
Druck und Verarbeitung: Werbedruck Schreckhase, Spangenberg
ISBN 3-7888-0792-x

Dr. Andrea Flemmer
Mit Bildern von Steffi Winkler

Das Anti-Krebs-Kochbuch

Über 100 getestete, leckere Rezepte
Auch für die schlanke Linie!
Lecker und doch Gesund!

Außerdem:

Schnelle Rezepte für
Berufstätige und gestresste Eltern!

NEUMANN - NEUDAMM

Inhalt

Inhalt

Vorwort der Bundesministerin für Familie, Senioren, Frauen und Jugend

Essen und Trinken hält Leib und Seele zusammen – und die Menschen gesund, wenn sie sich vernünftig ernähren. Im Zeitalter des Fast Food gar nicht so einfach. Pommes und Hamburger verbieten bringt gar nichts, das kennen alle, die erziehen.

Als Mutter, Großmutter und begeisterte Köchin weiß ich aber, dass Essen mehr als Sattwerden bedeuten kann: Eine Wohnküche – möglichst groß, Herr Architekt! –, in der alle gemeinsam essen, aber auch die Mahlzeiten gemeinsam zubereiten. Der Ausziehtisch, die Lieben daran, leckere Speisen, Schwatzen in vertrauter Umgebung und miteinander genießen – wenigstens einmal am Tag. Der Idealfall – zugegeben. Aber so steigen Lebensqualität und Wohlbefinden. Es ist nicht nur das Essen, das uns krank oder gesund machen kann, sondern auch die Art und Weise, wie und mit wem wir es einnehmen.

„Zeit" ist ein entscheidender Glücksfaktor im Familienleben. Freie Zeit – und Liebe natürlich – ist das Zauberwort für eine geglückte Kindheit. Ich weiß wohl: Arbeitszeiten, Schulzeiten und Freizeiten können nicht immer so abgestimmt werden, dass Raum für gemeinsame Mahlzeiten in der Familie bleibt. An deren Stelle tritt häufig die Kühlschrankplünderung von nur einer Person. So wird statistisch gesehen das Familienessen immer seltener, spielt aber nach wie vor eine bedeutende Rolle. Am häufigsten wird abends zusammen gegessen. Das tut immerhin noch die Hälfte der Familien. Mittags sind es weniger. Damit aber Kinder auch dann nicht allein sein müssen, setze ich mich für eine familienergänzende Betreuung von Kindern ein, die auch Essen in Gesellschaft mit einschließt.

Familie heißt für mich, mit Kindern leben und für sie Verantwortung tragen. Daher wünsche ich Kindern und Familien mit Ihren Kindern viele Esserlebnisse am Tisch zu Hause. Sie stärken Gemeinschaftsgefühl, Partnerschaft und Immunsystem gleichermaßen. Und die vielen leckeren Rezepte dieses „Anti-Krebs-Kochbuches" sind die praktische Umsetzung dazu. Aufgepasst: Es geht auch preiswert, schnell und köstlich zugleich!

Renate Schmidt

Renate Schmidt
Bundesministerin für Familie, Senioren, Frauen und Jugend

Vorwort der Präsidentin der Deutschen Krebshilfe

Liebe Leserin, lieber Leser,

vorbeugen ist besser als heilen – das gilt ganz besonders für die Krankheit Krebs! Als Präsidentin der Deutschen Krebshilfe weise ich stets darauf hin, welche Möglichkeiten der Einzelne hat, sich vor Krebs zu schützen. Bei vielen Krebsarten ist der Zusammenhang zwischen Krankheitsentstehung und Lebensführung bereits nachgewiesen. Deshalb hat es jeder selbst in der Hand, sein Krebsrisiko deutlich zu senken. Gerade der Ernährung kommt hierbei eine wichtige Rolle zu. Eine gesunde, vollwertige, schadstoffarme Ernährung verbessert das Wohlbefinden, stärkt das Immunsystem und hilft, Schaden vom Körper abzuwehren. Das „Anti-Krebs-Kochbuch" soll Sie dabei unterstützen, sich einen abwechslungsreichen, gesunden Speiseplan zusammenzustellen. Sie finden in diesem Buch eine allgemein verständliche Darstellung der bislang erhobenen Forschungsbefunde, ganz konkrete Tipps für Ihren Alltag und viele appetitanregende Rezepte für jede Gelegenheit.

Mit der Veröffentlichung von Frau Dr. Flemmer wird die Arbeit der Deutschen Krebshilfe ergänzt. Dort, wo Fragen unbeantwortet bleiben, mag eine Nachfrage beim Informations- und Beratungsdienst der Deutschen Krebshilfe hilfreich sein – die MitarbeiterInnen stehen Ihnen gerne mit Rat und Tat zur Seite.

Experten schätzen, dass bei gesunder Lebensführung bis zu 2/3 aller Krebskrankheiten vermieden werden könnten. Beachten Sie deshalb folgende Hinweise:

- Rauchen Sie nicht! Unterstützen Sie Kinder und Jugendliche dabei, gar nicht erst mit dem Rauchen anzufangen.
- Senken Sie Ihren Alkoholkonsum!
- Bewegen Sie sich regelmäßig!
- Gehen Sie aufmerksam mit Ihrem Körper um und nutzen Sie die kostenlosen Krebs-Früherkennungsuntersuchungen!
- Ernähren Sie sich gesund und vermeiden Sie Übergewicht!
- Essen Sie reichlich Obst und Gemüse!

Ich wünsche dem Buch einen großen Erfolg und Ihnen, liebe Leserinnen und Leser, Freude beim Lesen und Durchhaltevermögen bei der Umsetzung der Ratschläge.

Professor Dr. Dagmar Schipanski
Präsidentin der Deutschen Krebshilfe

Vorwort der Autorin

„Krebs ist eine verhütbare Erkrankung“, so beginnt eine Broschüre des Deutschen Institutes für Ernährungsforschung. „Richtige Ernährung und ein gesunder Lebensstil verhüten zahlreiche und verbreitete Krebserkrankungen“, erfährt man weiter. Und tatsächlich: Es ist wissenschaftlich erwiesen: Mit Hilfe einer entsprechende Ernährung kann man die Selbstheilungskräfte im Organismus entscheidend fördern. Dabei ist man erst am Anfang der Forschung und im Laufe der Zeit wird man noch mehr und vielleicht auch andere Lebensmittelbestandteile finden, die helfen, der schrecklichen Krankheit vorzubeugen.

Der Einfluss der Ernährung auf die Entwicklung sämtlicher Krebsarten beträgt – so meint die Wissenschaft – zwischen 20 und 60 %, im Durchschnitt 35 %. Generell liegt das Risiko, an Krebs zu erkranken, bei 23 %, wenn man auf eine gesunde Ernährung achtet. Dieses Risiko kann sich durch eine ungesunde Lebensweise auf mindestens 56 % erhöhen!

Die Wirkung der Ernährung auf die verschiedenen Krebsarten ist von Organ zu Organ unterschiedlich. Sieht man jedoch vom Rauchen als krebsauslösenden Faktor ab (85–90 % der Lungenkrebsfälle sind neben anderen Tumorarten auf das Rauchen zurückzuführen!), könnten etwa 50 % aller Krebsfälle durch eine entsprechende Ernährung verhindert werden! Eine beachtliche Zahl. Das vorliegende Buch wird Ihnen helfen, dieses Traumziel zu erreichen bzw. nach Möglichkeit sogar noch zu übertreffen!

Viel Gesundheit und einen guten Appetit
wünscht Ihnen

Dr. Andrea Flemmer

1 EINFÜHRUNG

1.1 Krebs – eine Geißel der Menschheit – aber kein Schicksal!

Krebs ist – nach Herz Kreislauf-Versagen – die Haupttodesursache in der Bundesrepublik. Rein statistisch „erwischt" es in den Industrieländern jede/n Dritte/n. Jedes Jahr erkranken bei uns etwa 340.000 Menschen neu an Krebs. Und: Die Krankheit ist auf dem Wege, Haupttodesursache zu werden!

Zu den häufigsten Krebsarten der westlichen Industrieländer gehören Lungen- (häufigste Krebstodesursache und Krebserkrankung des Mannes), Dickdarm- (zweithäufigste Krebstodesursache bei beiden Geschlechtern), Brust- (häufigste Krebserkrankung und -todesursache der Frau) und Prostatakrebs sowie Krebserkrankungen der Eierstöcke, der Gebärmutterschleimhaut und der Bauchspeicheldrüse. Dabei haben bestimmte Tumorarten zugenommen. Dies betrifft den Darmtrakt, die Lunge, die weibliche Brust und die Haut. Dass dies zum Großteil an den Veränderungen unserer Ernährungs- und Lebensgewohnheiten und nicht an genetischen Ursachen liegt, ist naheliegend und wissenschaftlich bewiesen. Auch Faktoren wie Umwelteinflüsse und das Rauchen, das 1/3 aller Krebsfälle zu verantworten hat, spielen eine Rolle.

Immerhin ist es erfreulich, dass die gefährliche Krankheit viel von ihrem Schrecken verloren hat. Dank besserer Behandlungskonzepte und Früherkennungsuntersuchungen kann viel gegen die Geißel Krebs getan werden. Manche Tumorarten, so auch die kindliche Leukämie, haben große Heilungschancen. Trotz gestiegener Heilungschancen können derzeit jedoch nur etwa die Hälfte der Tumore vollständig geheilt werden.

Da man inzwischen viele Risikofaktoren kennt, kann man viele auch meiden. Denn selbst wenn man geheilt werden kann, ist es besser, den Tumor gar nicht zu bekommen. Gerade weil – bei allem Fortschritt – die Möglichkeiten der Krebstherapie beschränkt sind, ist Vorbeugung extrem wichtig und hier kann man viel durch entsprechende Ernährung tun. Dabei muss das Essen schmecken – denn wie soll eine Nahrung, die man in sich hineinquält, vorbeugende Wirkung haben?

Damit Sie schlemmen und zugleich etwas für die Gesundheit tun können, habe ich dieses Buch geschrieben.

Im folgenden erfahren Sie, welche Zusammenhänge zwischen Krebs und

Ernährung bekannt sind und was Sie tun können, um diese Krankheit gar nicht erst zu bekommen.

Sie lernen, wie der Tumor überhaupt entsteht und welche Rolle das Immunsystem dabei spielt. Auch wer ein erhöhtes Krebsrisiko hat, können Sie nachlesen. Im zweiten Teil erfahren Sie alles über Ernährungssünden, die Ihr Krebsrisiko steigern können. Im 3. Teil lernen Sie kennen, welche Schadstoffe aus der Umwelt, dem Autoverkehr, der Landwirtschaft und sogar der Zubereitung und Konservierung krebsverdächtig sind oder bekanntermaßen einen Tumor auslösen können. Das wichtigste dabei ist, diese Schadstoffe möglichst zu meiden. Schließlich lernen Sie diejenigen Inhaltsstoffe Ihrer Lebensmittel kennen, die nachweislich Krebs vorbeugen, bzw. ihn sogar stoppen können. Vorbeugende Maßnahmen, die Ihnen von Ihrer Krankenkassen bezahlt werden, stelle ich Ihnen im 5. Teil vor. Am Schluss fasse ich noch einmal die wichtigsten Punkte zusammen, die Sie beachten sollten, um Ihr Krebsrisiko gering zu halten. Und Sie finden jede Menge köstliche Rezepte, die Ihnen zeigen, dass man gesundes, krebsvorbeugendes Essen genießen kann.

1.2 Wie entsteht Krebs?

Krebs ist im Grunde das „unkontrollierte Wachstum einer mutierten (erbgutveränderten) Zelle“. Seine Entstehung ist ein sehr komplizierter Vorgang, der von vielen Faktoren beeinflusst wird. Er entsteht nicht von heute auf morgen, sondern in einem langwierigen, mehrstufigen Prozess, der letztendlich die Rate der Zellteilung betrifft, d. h. die unkontrollierte Teilung der geschädigten Zelle.

Der Mechanismus der Krebsentstehung ist mehrstufig

Man erklärt die Tumorentstehung mit einem Dreistufen-Modell.

1. Während der ersten Stufe, die man die Initiation (Auslösung) nennt, wird die Erbinformation einer normalen Körperzelle in einer kritischen Region, die das Zellwachstum reguliert, geschädigt. Man nennt das eine Mutation, also Erbgutveränderung, die bei allen Krebsarten beobachtet wird und die im Unterschied zu normalen Zellen bei Tumoren gehäuft auftritt.
Als Krebsauslöser – sie werden als Kanzerogene oder Karzinogene bezeichnet – kommen z. B. verschiedene Umweltfaktoren in Frage, wie sie im Teil III beschrieben sind. Auch im Körper entstandene „Freie Radikale" (s. Anhang/Lexikon) können das Erbgut einer Zelle schädigen. Eine weitere Möglichkeit sind die sogenannten „Prokanzerogene", Substanzen, die erst enzymatisch (s. Anhang/Lexikon, Enzyme) verändert werden müssen, um zu den eigentlichen Krebsauslösern (Kanzerogenen) zu werden.
Bereits eine einzige Aktivität eines Krebsauslösers in sehr geringen Konzentrationen kann ausreichen, um bleibende Erbgutveränderungen hervorzurufen. Dafür muss die gefährliche Substanz, der Virus oder die Strahlung nur in den Körper eindringen und zu dessen einzelnen Zellen gelangen können – mit der Nahrung nicht weiter schwierig. Normalerweise wird der Körper mit solchen Faktoren „fertig", d. h. er korrigiert die Erbinformation und stellt den Ausgangszustand wieder her.

2. Wenn jedoch die zweite Stufe erreicht wird, die sogenannte Promotion (Krebsförderung), eine Reparatur also nicht möglich war, und nunmehr krebsfördernde Substanzen, auch Promotoren genannt, die geschädigten Zellen beeinflussen, kann sich ein Tumor bilden, d. h. die Zelle mit der geschädigten Erbsubstanz beginnt sich zu teilen. Die Promotoren unterstützen diese Teilung und tragen dazu bei, dass sich die Zellen mit dem genetischen Defekt vermehren können und unkontrolliert zu einem Tumor werden. Krebsfördernde Substanzen, also die Promotoren, können beispielsweise bestimmte Fettsäuren oder Alkohol sein.

3. In der dritten, also letzten Phase, der sogenannten Progression (dem Fortschreiten der Krebsentstehung), können sich die Zellen des Tumorge-

webes ungehindert teilen. Der Tumor vergrößert sich, und es können sich Metastasen (Tochtergeschwülste) bilden. Hierbei handelt es sich um kleinere Zellen oder Zellverbände, die sich vom Primärtumor ablösen und über das Blut und die Lymphgefäße im Körper verteilen. Leider können sie sich an jeder beliebigen Stelle ansiedeln und dort wieder zu einem Tumor heranwachsen. In dieser Phase kommt es zu weiteren Mutationen.

Erst wenn im menschlichen Organismus mehrere Steuerungsmechanismen „aus dem Ruder laufen“, bildet sich ein Tumor. Die wichtigste Erklärung ist dabei, dass an mehreren Genen (Träger der Erbinformation) Erbgutveränderungen – meist unter Einfluss von Umweltfaktoren – stattfinden müssen, damit Krebs entstehen kann. Das heißt, die Krebsgene, die in jeder Körperzelle vorliegen, müssen erst aktiviert werden, und diejenigen Gene, die seine Entstehung normalerweise verhindern, müssen inaktiviert werden. Vermutlich werden mehrere dieser Faktoren gleichzeitig wirksam, damit die Krankheit entstehen kann.

Hormone und „Radikale“ können das Krebsgeschehen beeinflussen

Hormone können offensichtlich das Krebsgeschehen beeinflussen. So scheint zum Beispiel das weibliche Hormon Östrogen eine Rolle bei der Brustkrebsentstehung zu spielen. Generell regen Östrogene das Zellwachstum derjenigen Zellen an, die die entsprechenden Fühler (Östrogenrezeptoren) haben. Eine erhöhte Östrogen-Produktion wird z. B. durch eine hohe Eiweißzufuhr erreicht. Auch Übergewicht und Fettsucht erhöhen die Östrogenkonzentration und damit das Risiko für entsprechende Krebsarten (s. hierzu Kap. II.2: Zuviel ist leicht was).

Eine weitere Möglichkeit der Krebsentstehung beruht auf einem Überschuss an sogenannten „freien Radikalen“. Es handelt sich um aggressive, reaktionsfreudige Substanzen, die andere Zellbestandteile, vor allem jedoch die Erbsubstanz, schädigen. Sie können bei den natürlichen Zellfunktionen entstehen und werden normalerweise durch körpereigene Schutzmechanismen unschädlich gemacht. Die Menge der Radikale kann jedoch z. B. durch radioaktive Bestrahlung, Chemikalien, Rauchen und übermäßigen Stress massiv ansteigen und dadurch zur Gefahr werden. Mit der Nahrung kann man durch Auswahl von Lebensmitteln mit einem hohen Gehalt an sogenannten Antioxidantien die Konzentration von freien Radikalen wieder senken.

Was unterscheidet Krebszellen von anderen?

Der Körper besteht aus Millionen von Zellen, deren Wachstum, Differenzierung und Vermehrung genau reguliert ist. Die Aufgabe der einzelnen Körperzellen ist genau festgelegt, z. B. bilden Hautzellen eine spezielle Schutzschicht vor Sonnenlicht, Nervenzellen dienen der Informationsübertragung, Muskelzellen ermöglichen uns Bewegung etc. etc. Dabei ist das Wachstum der jeweiligen Zellen eingeschränkt und sie breiten sich nicht über das Nachbargewebe aus. Ein Beispiel: wenn man sich verletzt, wachsen Zellen des verletzten Gewebetyps, um die schadhafte Stelle zu reparieren. Ist die Reparatur beendet, so stellen diese Zellen ihr Wachstum ein. Das bedeutet auch, dass die unterschiedlichen Zellen Informationen austauschen und so wissen, wo ein anderer Gewebetyp beginnt. Bei Tumorgewebe ist das jedoch völlig anders. Hier haben die Körperzellen die Fähigkeit verloren, ihre Wachstums- und Vermehrungsrate den Bedürfnissen des jeweiligen Organismus anzupassen. Deshalb sind Zellwachstum und Zellvermehrung von Krebszellen gesteigert. Das heißt: Krebszellen wachsen völlig unkontrolliert und vermehren sich übermäßig – körpereigene Schranken werden ausgeschaltet. Bösartige Tumore breiten sich – im Unterschied zu gutartigen Krebszellen – im benachbarten Gewebe aus und zerstören es ebenfalls. Über das Blut und die Lymphgefäße können die Krebszellen in andere Körperbereiche gelangen und dort die sogenannten Metastasen, also Tochtergeschwülste, hervorrufen.

Leider kann nahezu jede Zelle im Körper zur Krebszelle werden. Der Schlüssel ist die Änderung der Erbsubstanz der betreffenden Zelle. Dadurch wird die Regulation der Zellvermehrung aufgehoben und die Zelle beginnt zu wuchern.

Der Körper ist dem nicht schutzlos ausgeliefert!

Das alles hört sich schrecklich an, man könnte meinen, wir seien alle Krebskandidaten. Der Körper hat jedoch viele Möglichkeiten, sich zu schützen. Die meisten Krebsauslöser – also die Kanzerogene – müssen im menschlichen Körper zuerst aktiviert werden, bevor sie am Erbgut Schaden anrichten können. Diese Aktivierung – aber auch die Verhinderung der Krebsentstehung – kann durch körpereigene Eiweiße – die sogenannten Enzyme – geschehen sowie durch zahlreiche Substanzen in der Nahrung ausgelöst werden. Sogar geschädigte Erbsubstanz kann noch repariert werden – nur muss dies geschehen, bevor es zur nächsten Zellteilung kommt. Da bei einer Teilung, also der Vermehrung der Zelle, eine identische Kopie erstellt wird, breitet sich ansonsten der Fehler über alle neuen Zellen aus. Dann hilft nur noch die Selbstzerstörung der Zelle, was der Körper als Notmaßnahme auch einleitet.

Aber selbst wenn sich geschädigte Zellen vermehren, kann der Körper sie noch aussortieren. Sollte es jedoch dazu kommen, dass krebsfördernde Agenzien in diesen Prozess eingreifen, und die geschädigten Zellen sich dadurch vermehrt entwickeln können, dann, ja dann kann es zu einem Krebs kommen. Die Fähigkeit, Zellschäden selbst reparieren zu können, ist sehr unterschiedlich ausgeprägt. Und sie kann behindert werden, indem man sie z. B. durch einseitige Ernährung, einen Mangel an Vitaminen, Mineralstoffen und Spurenelementen schwächt.

Es dauert lange, bis der Krebs entsteht!

Der Zeitraum von der Auslösung bis zum sichtbaren Krebs kann Jahre bis Jahrzehnte betragen – je nach Organ und Gewebe. Man bezeichnet diesen Zeitraum als „Latenzzeit". Bestimmte Lungen- und Brustkrebsarten brauchen mindestens fünf Jahre, bevor man die Symptome bemerkt. Währenddessen können sich leider schon Metastasen gebildet haben.

Damit der Krebs tatsächlich entstehen kann, müssen die krebsfördernden Agenzien ständig vorhanden sein. Verschwinden sie aus irgendeinem Grund, dann kann die Tumorbildung noch verhindert werden.

Der beste Schutz vor einer Tumorerkrankung ist also das natürliche Gleichgewicht zwischen den entgegengesetzten Wirkungen der Krebsauslöser und Krebsförderer auf der einen Seite und den Anti-Krebswirkstoffen sowie den körpereigenen Schutzmechanismen auf der anderen Seite. Normalerweise bilden die Schutzfaktoren eine wirkungsvolle Barriere.

Wie kann Krebs verhindert werden?

Können wir demnach Krebs verhindern, indem wir einfach alle krebsauslösenden und krebsfördernden Faktoren meiden? Das gilt nur mit Einschränkung, denn es gibt derart viele Schadstoffe und manche sind natürliche Bestandteile der Nahrung, so dass diese Variante nur teilweise Erfolg bringt. Bei Umweltschadstoffen funktioniert dies auch nur bedingt, denn man ist ihnen ausgesetzt, ob man will oder nicht.

Das bedeutet im Umkehrschluss, dass Sie Krebs vor allem dadurch verhindern können, schützende Substanzen in Lebensmitteln, die Sie im folgenden kennenlernen werden, verstärkt zu essen – es sind die Stoffe, die mit Hilfe dieses Buches in wohlschmeckende Rezepte verwandelt werden (s. Teil IV. Inhaltsstoffe mit Anti-Krebs-Effekt in Lebensmitteln).

I.3 Faktoren vermeiden, die Krebs auslösen können

90 % der Krebserkrankungen sind nach Expertenmeinung im weitesten Sinn umweltbedingt. Damit ist gemeint, dass fast alle Tumorarten nicht genetisch

festgelegt sind, sondern durch falsche Ernährung, Fehlverhalten, Umweltverschmutzung etc. bedingt sind. Das bedeutet jedoch auch, dass 90 % aller Tumore theoretisch vermeidbar wären. Andere äußere Faktoren, die Krebs auslösen können, sind Tabak (25–40 % Beteiligung an der Krebsentstehung), Infektionen (ca. 10 %), das Geschlecht (Brust- bzw. Prostatakrebs) mit ca. 7 %, der Beruf mit ca. 4 %, Alkohol und wohnortbedingte Faktoren (z. B. Radonausstoß) mit etwa je 3 %, Umweltverschmutzung mit 2 %, Medikamente mit ca. 1 %, künstliche Schadstoffe mit ca. 1–2 %, und Zusatzstoffe mit ca. 1 %.

„Wir leben in einem Meer von krebsauslösenden Stoffen" – stellte der amerikanische Krebsforscher Bruce Ames fest. Das stimmt! Wir leben aber ebenso in einem Meer von krebsverhütenden und das Krebswachstum hemmenden Substanzen, wenn wir unsere Nahrung entsprechend auswählen. Die Kunst besteht darin, die krebsauslösenden Faktoren zu vermeiden und die krebsvorbeugenden zu verstärken.

Das Risiko, an Krebs zu erkranken, steigt mit zunehmendem Lebensalter. Einerseits summieren sich Schadstoffe und falsche Ernährungsgewohnheiten, und andererseits lassen die natürlichen Abwehrkräfte des Organismus nach, je älter man wird. Den Krebszellen wird ein geringerer Widerstand entgegengesetzt. Hier kann man entgegensteuern, indem man die Abwehrkräfte stärkt und krebsvorbeugende und -hemmende Lebensmittel zu sich nimmt.

Ein typisches Beispiel, wie man durch falsches Verhalten oder auch Unwissenheit Krebs begünstigen kann, ist der Hautkrebs. Die UV-Strahlung der Sonne und ein übermäßiges Sonnenbad mit nachfolgendem Sonnenbrand begünstigen – besonders, wenn in jungen Jahren nicht darauf geachtet wird – die Entstehung eines Hautkrebses. Je mehr die Ozonschicht in der Atmosphäre abnimmt, desto größer wird die Gefahr. Die bösartige Hautveränderung kann fast immer durch konsequenten Sonnenschutz vermieden werden. Gerade Sonnenhungrige versuchen im Urlaub – möglichst im Winter – sonnengebräunt zurückzukommen und ahnen nicht, welcher Gefahr sie sich dabei aussetzen. In den letzten 20 Jahren hat sich die Hautkrebsrate mehr als verdoppelt. 100.000 Neuerkrankungen treten jährlich in der Bundesrepublik auf. Dabei sinkt das Alter. Noch vor 30 Jahren lag das Erkrankungsalter im Durchschnitt zwischen 50 und 60 Jahren. Heute treten am meisten Fälle um das 40. Lebensjahr herum auf. Hier hilft nur eines: langsam an die Sonne gewöhnen und Sonnenschutzmittel verwenden, um auf alle Fälle einen Sonnenbrand zu verhindern. Solarien helfen leider nicht. Zuviel UV-Strahlung lässt die Haut zudem schneller altern. Babys und Kleinkinder gehören gar nicht in die pralle Sonne, Kinder unter fünf Jahren sollten niemals einen Sonnenbrand bekommen!

Ein ganz anderes Beispiel, wie eine Krebsart zurückgedrängt werden konnte, ist der Magenkrebs. Zu Beginn des 20. Jahrhunderts war dies der häufigste Krebs in den Industriestaaten. In der BRD starben 1950 noch 11.000 Frauen und 14.000 Männer daran, 1989 waren es nur noch je 7000 Frauen und Männer: ein Erfolg der Krebsvorbeugung durch Änderung des Ernährungsverhaltens. Auch die Entdeckung des Bakteriums Helicobacter pylori, der für chronische Gastritis verantwortlich gemacht wird, spielt eine Rolle. Es ist ein Wegbereiter für Magenkrebs.

Der Rückgang von Magenkrebs stimmt auffällig mit dem Rückgang des Salzkonsums und der Konservierung mit Salz sowie dem unkontrollierten Verzehr gepökelter Fleischwaren überein. Auch die zunehmende Nutzung von Kühlung und Gefrieren zur Haltbarmachung der Lebensmittel ist dabei wichtig.

Diese Beispiele zeigen, dass eine Krebserkrankung nicht nur Schicksal ist. Leider gilt das nicht für alle Formen (z. B. Leukämie, Lymphdrüsenkrebs), aber viele kann man durch eigenes (Ess-)Verhalten verhindern.

1.4 Ernährung und Krebsrisiko

Bereits in den 1980er Jahren vermutete man, infolge verschiedener Studien an größeren Bevölkerungsgruppen, dass ein Zusammenhang zwischen Ernährung und Krebs besteht. Diese Vermutungen bestätigten sich und die wissenschaftlichen Untersuchungen weisen darauf hin, dass ein zu geringer Verzehr von Gemüse und Obst das Tumorrisiko erhöht. Man kann dies auch an der Häufigkeit bestimmter Krebsarten in verschiedenen Ländern erkennen. So sterben besonders in den Mittelmeerländern, in denen viel Obst und Gemüse gegessen wird, wesentlich weniger Menschen an Dickdarmkrebs als beispielsweise in Tschechien, wo der Verzehr dieser Lebensmittel sehr viel geringer ist.

Die heutige Ernährungsweise ging in sehr kurzer Zeit von einer ballaststoffreichen, kohlenhydratreichen und fettarmen Ernährung mit großem Volumen zu einer konzentrierten, energiereichen Ernährung über. Diese Übergangszeit war viel zu kurz für den Körper, um sich darauf einstellen zu können – und er reagiert mit Krebs.

Welche Krebsarten kann man mit Hilfe gesunder Ernährung verhindern?

Durch richtige Lebensmittelauswahl kann man eine Vielzahl der Krebserkrankungen verhüten. Der Einfluss der Ernährung ist je nach Krebsart unterschiedlich: So könnten folgende Krebsfälle durch gesunde Ernährungsweise vermieden werden (die unterschiedlichen Zahlen beruhen auf unterschiedlichen Quellen):

Krebsart	Anteil der durch die Ernährung vermeidbaren Krebserkrankungen in %
Darmkrebs	66–90
Dickdarm	66–90
Magenkrebs	66–75
Speiseröhre	50–75
Brust	33–50
Bauchspeicheldrüse	33–50
Leber	33–66
Mundhöhle, Rachen, Nasen-Rachenraum	20–50
Kehlkopf	33–50
Niere	25–33
Gebärmutter	25–50
Lunge	20–33 (bei Nichtrauchern) 90 (wenn das Rauchen eingestellt wird)
Gallenblase, Gebärmutterhals	20
Eierstöcke	10–20
Prostata	10–20
Blase	10–20
Sonstige	10

Anteil der Krebsfälle in Prozent, die durch bewusste Ernährung vermeidbar wären

Unsere Ernährung und der damit zusammenhängende Stoffwechsel können in einer sehr komplexen Art auf die Krebsentstehung Einfluss nehmen. Durch diese Komplexität ist es schwierig, die Krebsentstehung auf einen einzigen Faktor zurückzuführen. Dies vor allem auch deshalb, weil wir unsere Nahrung nicht in Form eines isolierten Nährstoffes zuführen, sondern als Lebensmittel, die eine Mischung verschiedener Nährstoffe und bioaktiver Substanzen darstellen. Die Wissenschaft versucht dennoch einzelne Komponenten herauszufinden, die an der Krebsentstehung oder -hemmung direkt beteiligt sind.

Oft verbietet es sich, die Untersuchungen am Menschen durchzuführen, also greift man auf Tierversuche zurück. Bei Tieren konnte unter hoher Dosierung für einzelne Lebensmittelinhaltsstoffe eine krebserregende Wirkung gefunden werden, jedoch konnte bei keiner einzigen Substanz eine krebsfördernde Wirkung bei üblichen Aufnahmemengen nachgewiesen werden. Ausnahme: Aflatoxin B_1 (näheres s. Teil III). Dennoch gibt es zahlreiche Hinweise auf eine krebsfördernde Wirkung anderer Nahrungsinhaltsstoffe und Faktoren, die Sie im Teil II und III kennenlernen.

Insbesondere bei einer Krebsform lassen sich eindeutig Zusammenhänge mit der Ernährung herstellen: dem Darmkrebs. Eine ballaststoff- und kalziumarme, fett- und fleischreiche Nahrung erhöht das Risiko deutlich. Das erklärt auch, warum diese Krebsform vorwiegend in den Industrienationen auftritt: hier ist diese Ernährungsform üblich. Diese typische Zivilisationskost verweilt aufgrund der Ballaststoffarmut länger im Darm als faserreiche Nahrung. Somit haben Giftstoffe und die sogenannten sekundären Gallensäuren (s. Anhang/Lexikon) mehr Zeit, ihre schädliche Wirkung auszuüben, die Darmschleimhaut massiv zu schädigen und den Krebs auszulösen.

Durch entsprechende Ernährung, die auch darauf ausgelegt ist, möglichst wenig Karzinogene (krebsauslösende Substanzen) zu enthalten, und eine ausreichende Zufuhr von krebsschützenden Pflanzenstoffen etc. können Sie Ihr persönliches Krebsrisiko deutlich senken.

1.5 Krebs und das Immunsystem

Das Immunsystem hat die Schlüsselfunktion, den menschlichen Körper gegen von außen eindringende Substanzen und Organismen (Bakterien, Viren, Parasiten etc.) sowie vor im Körper entstehenden Strukturen wie z. B. Krebszellen zu schützen. Dabei kann man gegen Bakterien und Viren immun werden, gegen Krebszellen, die immer wieder im Körper entstehen – leider nicht. Generell weiß man inzwischen, dass das Immunsystem an Mechanismen rund um die Krebsentstehung beteiligt ist.

Das Immunsystem ist kein isoliertes, abgeschlossenes System im Körper. Es unterliegt äußeren und körpereigenen Einflussfaktoren. So ist es auf die Zufuhr lebensnotwendiger Nährstoffe angewiesen. Ohne sie kann es seine Abwehrfunktion nicht wahrnehmen. Dagegen führt eine überhöhte Aufnahme bestimmter Nährstoffe, wie Fett, mehrfach ungesättigte Fettsäuren und Eisen dazu, dass die Immunantwort geschwächt, wenn nicht ganz unterdrückt wird. Eine Gefahr insbesondere für Menschen, die durch erbliche Veranlagung, durch krebserzeugende Umweltfaktoren oder durch ihre berufliche und persönliche Situation bereits ein erhöhtes Krebsrisiko haben.

Zum Immunsystem gehören die sogenannten Lymphozyten und Makrophagen. Beide können „Zytokine" produzieren, die die Immunantwort verändern, indem sie Wachstum und Entwicklung von Immunzellen regulieren. Durch sie entstehen Substanzen wie der Tumor-Nekrose-Faktor-Alpha, Interleukine sowie die bekannten Interferone, die alle eine Funktion bei der Krebsabwehr spielen. Natürliche Killerzellen, ein Lymphozytentyp, können Krebszellen abtöten.

Tumorzellen können jedoch so verändert sein, dass das Immunsystem sie nicht als fremd erkennt und auch nicht vernichtet. Sie wuchern unerkannt und breiten sich über den Körper aus. Sie ernähren sich über die Nährstoffe ihres Wirtsgewebes, ohne dessen Funktion zu erfüllen.

Generell lässt sich sagen: je häufiger im Körper Krebszellen entstehen, um so höher ist die Chance, dass eine derartige Zelle vom Immunsystem nicht oder nicht mehr rechtzeitig entdeckt und vernichtet wird. Und: ein geschwächtes Immunsystem ist ein Risikofaktor für die Krebsentstehung. So erhöht es bei Frauen, wenn insbesondere die Scheide betroffen ist, das Risiko, an Gebärmutterhalskrebs zu erkranken.

Über die Ernährung kann man das Immunsystem positiv beeinflussen, durch geeignete Lebensmittelauswahl sogar stärken. So führt z. B. eine überhöhte Zufuhr von einigen Vitaminen und Spurenelementen über die empfohlene Tagesdosis hinaus, zu einer Anregung bestimmter Immunmechanismen. Auch mittels anderer Nahrungskomponenten kann die Immunabwehr beeinflusst werden. Zu diesen Komponenten gehören die sekundären Pflanzenstoffe, die im Kapitel IV.1.2 näher behandelt werden.

Für Sie bedeutet das, vorsichtig zu sein und das Immunsystem nicht zu schwächen. Dies geschieht z. B. bei Dauerstress, Schlaf- und Bewegungsmangel, Alkohol, Rauchen sowie Ernährungsfehlern. Die Abwehrkraft gegenüber entarteten Zellen erlahmt. Besonders gravierend wirkt es sich aus, wenn mehrere Faktoren zusammenwirken. Ein Beispiel dafür wäre ein starker Raucher, der kaum Obst und Gemüse isst.

1.6 Wer hat ein erhöhtes Krebsrisiko?

Wie bereits erwähnt, sind nur wenige Krebsarten genetisch bedingt, das heißt: die Eltern vererben schadhaft veränderte Gene und somit ein erhöhtes Krebsrisiko an ihre Kinder. Dabei ist Krebs selbst nicht vererbbar, nur ein genetisch bedingtes Krebsrisiko.

Bei verschiedenen häufigen Krebsarten kann man ein erhöhtes Risiko unter folgenden Bedingungen feststellen (Lungenkrebs wird fast ausschließlich durch Rauchen verursacht und wird im Kapitel II.1a separat behandelt):

Brustkrebs

43.000 Frauen erkranken bei uns pro Jahr an Brustkrebs. Jede neunte Frau betrifft dies und dieser Tumor ist auch die häufigste Krebstodesursache für Frauen. In den letzten 20 Jahren verdoppelte sich die Anzahl der Brustkrebsfälle. Vor allem werden immer jüngere Frauen mit diesem Problem konfrontiert. Hier sind die Krebsfälle um 30 % gestiegen. Jedoch gibt es Positives: Auch die Heilungschancen haben sich in den letzten 30 Jahren mehr als verdoppelt – von 20 auf 47 %. Je früher der Tumor entdeckt wird, desto größer ist die Heilungschance, in diesem Fall 80 %. Zumeist kann brusterhaltend operiert werden.

Erhöhtes Risiko bei welcher Frau?

Ein erhöhtes Risiko wird beobachtet bei keiner oder einer ersten Schwangerschaft nach dem 30. Lebensjahr. Auch wenn eine frühe erste Regelblutung (vor dem 12. Lebensjahr) und eine späte letzte Regelblutung (nach dem 55. Geburtstag) vorliegt, ist das Risiko erhöht. Dies scheint an dem zellwachstumsfördernden Östrogen zu liegen, das die Rate der Vermehrung geschädigter Zellen erhöht. Auch die sogenannte ionisierende Strahlung, also z. B. Röntgenstrahlung oder die erhöhte radioaktive Strahlung nach Kernenergieunfällen, ist ein Risikofaktor für Brustkrebs. Und die in Teil II dargestellten Ernährungssünden erhöhen das Risiko einer Erkrankung.

Woran liegt das erhöhte Risiko, Brustkrebs zu bekommen?

Die Ursache für Brustkrebs ist offensichtlich bei einem ständigen Ungleichgewicht zwischen den weiblichen Hormonen Östrogen und Gestagen zu suchen – dabei wird dem Gestagen eine eher hemmende Funktion zugeschrieben. Im Tierversuch konnte Brustkrebs durch Östrogene direkt ausgelöst werden. Mit zunehmendem Alter – vor allem jenseits der Menopause – kommen jedoch Ernährungsfaktoren immer stärker ins Spiel. Ungesunde Ernährung verstärkt das Risiko, ab dem 50. Lebensjahr Brustkrebs zu bekommen. Warum dies so ist, erfahren Sie im Kapitel: „Zuviel ist leicht was".

Die verflixten Gene

Vor einigen Jahren entdeckte man ein „Brustkrebsgen" – also Erbinformationen, die das Risiko erhöhen, an Brustkrebs zu erkranken. Jedoch nur 5 % der Fälle gehen auf diese unheilvollen Gene zurück. Ein Hinweis auf diese Erbmerkmale sind folgende Verwandte:

- Mutter, Schwester, Tante, die bereits vor dem 40. Lebensjahr an Brustkrebs erkrankten
- Zwei oder noch mehr Verwandte sind vor dem 50. Geburtstag an Brust- oder Eierstockkrebs erkrankt

In diesem Fall sollte man verstärkt auf Vorsorge achten – auch auf krebsvorbeugende Ernährung – und jede Möglichkeit dafür nutzen, sei es durch eigene Beobachtung, Tastuntersuchungen durch den Frauenarzt, Ultraschall und Mammographie.

Andere Krebsarten der Sexualorgane

Das Risiko, einen Gebärmutterhalskrebs zu bekommen, steigt mit der Anzahl wechselnder Sexualpartner und sehr frühem Sex. Die Ursache ist das Papilloma-Virus, das durch sexuelle Kontakte übertragen wird und das 99 % aller Gebärmutterhalstumore herbeiführt. Auch Rauchen und eine geschwächte Immunabwehr, insbesondere der Scheide, erhöhen das Risiko dafür.

Die häufigste Krebsart der weiblichen Geschlechtsorgane ist der Gebärmutterkrebs. Oft tritt er in Verbindung mit Übergewicht, Bluthochdruck und Diabetes auf. Auch Östrogengaben zur Linderung von Wechseljahrsbeschwerden können Tumorwachstum an diesem Organ begünstigen, wenn sie nicht mit Gestagenen kombiniert werden.

Blutungen, die nach dem Wechsel auftreten, sind ein Warnhinweis. In 10–20 % der Fälle verbirgt sich dahinter ein Tumor. Ein schneller Gang zum Arzt bringt Heilungschancen von etwa 80 %, wenn man diesen Krebs tatsächlich hat.

Das Risiko, Eierstockkrebs zu bekommen, sinkt mit der Anzahl der Schwangerschaften und der langjährigen Einnahme der Pille. Die Unterbrechung des regelmäßigen Zyklus mit Eisprung scheint sich günstig auszuwirken.

Prostatakrebs tritt aufgrund des langsamen Wachstums des Tumors überwiegend nach dem 50. Lebensjahr auf, die Hälfte der Patienten ist über 70 Jahre. Ein erhöhtes Risiko bedeuten folgende Faktoren: in der Familie kam bereits Prostatakrebs vor, die Einnahme von Anabolika zum Aufbau der Muskelmasse – bei Bodybuildern üblich – und falsche Ernährung.

Hodenkrebs tritt leider schon bei jüngeren Männern auf, aber auch im mittleren Alter. Verstärkt ist das Risiko, wenn ein Hodenhochstand vorlag oder die Hoden ungleich groß sind.

Darmkrebs

Der Dickdarmkrebs ist die zweithäufigste Krebserkrankung des Mannes und der Frau. Rund 55.000 Menschen erkranken in Deutschland jährlich daran, 30.000 davon sterben an den Folgen. Wird die Erkrankung rechtzeitig erkannt, lässt sie sich in rund 80 Prozent der Fälle erfolgreich behandeln.

Auch bei Darmkrebs ist eine genetische Veranlagung möglich. Jedoch sind weit unter 10 % der Darmkrebsfälle dadurch bedingt. Bei dieser Krebsart spielt die Ernährung eine wesentliche Rolle.

Ein erhöhtes Risiko, an Darmkrebs zu erkranken haben Sie, wenn:

- bei Ihnen eine schwere und langwierige Entzündung der Dickdarmschleimhaut (Colitis ulcerosa) vorliegt;
- Sie selbst oder direkte Verwandte Dickdarmpolypen hatten oder haben. Bestimmte Formen dieser Dickdarmpolypen (adenomatöse Polypen) werden als Vorstufe des Dickdarmkrebses angesehen.
- in Ihrer Familie bereits Darmkrebs aufgetreten ist, insbesondere wenn die Betroffenen bei Krankheitsbeginn jünger als 45 Jahre alt gewesen sind
- Sie bereits an einer Krebserkrankung von Brust, Eierstöcken oder Gebärmutter erkrankt sind oder waren
- Sie sich falsch ernähren.

Wenn Sie zu den Personen mit erhöhtem Darmkrebsrisiko gehören, dann können Sie sich in einem der sechs Zentren des Verbundprojektes für erblich bedingten Darmkrebs in Bochum, Bonn, Dresden, Düsseldorf, Heidelberg, München/Regensburg informieren und beraten lassen. Auch Gesunde, in deren Familie gehäuft Darmkrebs auftritt, finden dort Rat (Adressen s. Anhang).

Neben einer entsprechenden Ernährung trägt auch körperliche Aktivität zur Reduzierung des Risikos bei. Durch Sport wird der Darm mechanisch angeregt. Die Zeit, in der die Nahrung den Darm passiert, wird verkürzt, und krebsauslösende Substanzen verbleiben kürzere Zeit im Darm. Auch der Einfluss auf Hormone oder der positive Effekt auf das Immunsystem durch Sport wird diskutiert.

Von den Ernährungsfaktoren, die helfen, den Krebs zu vermeiden, seien bioaktive Wirkstoffe genannt, wie sie im vierten Teil dieses Buches besprochen werden.

II Ernährungssünden können Krebs auslösen

II.1 Genussmittel und Genussgifte

II.1 a) Rauchen tötet!

Der bekannteste Risikofaktor, an Krebs zu erkranken, ist das Rauchen. Etwa 30 % aller Krebsfälle gehen darauf zurück. Mehr als 30.000 Raucher in Deutschland sterben jedes Jahr an Lungenkrebs. Aber damit nicht genug. Da auch andere Krebsarten und Erkrankungen (Herzinfarkt etc.) damit verbunden sind, sterben in Deutschland insgesamt **300 Menschen täglich** an den Folgen des Zigarettenkonsums. Würde täglich ein Flugzeug mit so vielen Menschen an Bord abstürzen – die Allgemeinheit würde es mit Entsetzen zur Kenntnis nehmen.

Damit ist Tabakrauchen der wichtigste vermeidbare Risikofaktor für eine Krebserkrankung. Frau Dr. Koch, die berühmte Schauspielerin und Ärztin, stellt fest: „Kluge Menschen rauchen nicht". Sie hat recht, denn jemand, der über Jahre täglich 20 Zigaretten raucht, hat ein 20- bis 30mal höheres Krebsrisiko als ein Nichtraucher. Diese Rate kann man auf das 80fache erhöhen, wenn man täglich zwischen 30 und 40 filterlose Zigaretten raucht. Im Durchschnitt verliert man durch das regelmäßige Rauchen 10–22 Lebensjahre.

Meist wird Lungenkrebs erst erkannt, wenn es zu spät ist!

Lungenkrebs ist die häufigste Krebsart auf der Welt und 85–90 % davon gehen auf das Konto Zigarettenrauch. Und dabei ist Lungenkrebs leider nur sehr begrenzt zu kurieren: Nur etwa 15 % der Lungenkrebspatienten können geheilt werden.

Das Tückische an dieser Krebsart ist der Mangel an Frühsymptomen. Spürt man Beschwerden, ist der Krebs meist nicht mehr im Frühstadium, sondern sehr weit fortgeschritten. Im Frühstadium wird Lungenkrebs meist nur zufällig entdeckt, z. B. bei einer arbeitsmedizinischen Vorsorgeuntersuchung. Deshalb sollten starke Raucher über 40 ihre Lunge vorsorglich röntgen lassen.

Als typische Warnsymptome gelten Reizhusten am Morgen, chronischer Raucherhusten, der schlimmer oder anders wird, blutiger oder bräunlich aussehender Auswurf, Atemnot, Schmerzen im Brustkorb, Leistungsabfall, Appetitlosigkeit, Gewichtsabnahme.

Leider kann man auch nicht alle Tumore mit einer Röntgenaufnahme erkennen, hier hilft nur eine Lungenspiegelung mit Entnahme einer Gewebeprobe.

An welchen Krebsarten ist der Zigarettenrauch noch beteiligt?

Durch das Rauchen hat man auch noch ein erhöhtes Krebsrisiko für andere Tumorarten: Krebs der Mundhöhle, Rachen und Kehlkopf, der Speiseröhre, des Magens, der Niere und der Blase. Bei Frauen scheint auch noch das Risiko von Gebärmutterhalskrebs zu steigen.

Dabei muss man den Rauch nicht einmal inhalieren, um einen Tumor zu provozieren: In diesem Falle kann man immer noch Lippen- oder Zungenkrebs bekommen – auch wenn man Pfeife oder Zigarre raucht.

Welche Faktoren verursachen die Krebsgefahr beim Rauchen?

Dass Rauchen Krebs verursacht, ist nicht weiter verwunderlich. Es ist hinlänglich bekannt, dass sich im Zigarettenrauch die gefährlichsten Karzinogene (krebsauslösende Substanzen) finden. 4.000 Substanzen – in Worten „viertausend“ – von denen 50 erwiesenermaßen krebserzeugend sind – atmet man außer dem Nikotin und dem giftigen Kohlenmonoxid ein. Dies gilt ebenso für eine/n NichtraucherIn, der oder die sich im Raum befindet. Nitrosamine, Benzpyrene und die berühmt-berüchtigten Sauerstoffradikale gehören dazu.

Dabei gilt schwarzer Tabak als gefährlicher als blonder, filterlose Zigaretten sind schadstoffhaltiger als Filterzigaretten. Auch erhöht sich die Gefahr, wenn man in jungen Jahren mit dem Rauchen beginnt. Ein 15-Jähriger erhöht sein Lungenkrebsrisiko um das Fünffache im Vergleich zu jemandem, der erst mit 25 beginnt und: 26 % der 12 bis 17-Jährigen in Deutschland rauchen bereits.

Kann man durch Auswahl krebsvorbeugender Lebensmittel etwas tun?

Leider kann man als RaucherIn durch richtige Auswahl der Ernährung nur wenig zur Lungenkrebsvorbeugung tun. Ganz im Gegenteil: Durch das Rauchen werden zum Teil wichtige Anti-Krebs-Schutzstoffe inaktiviert. Bestandteile des Zigarettenrauchs können z. B. die Protease-Inhibitoren (s. Teil IV dieses Buches) zerstören.

Gibt es staatliche Vorsorgemaßnahmen?

Wirksame erzieherische Maßnahmen an deutschen Schulen fehlen, und auch eine staatliche Kontrolle des Tabakkonsums unterbleibt in unserem Land. Professor Harald zur Hausen beklagt in einem Artikel „Ungenutzte Chancen“: „Im Hinblick auf die Kontrolle des Tabakrauchens ... kann Deutschland getrost als Entwicklungsland bezeichnet werden.“ Und: „... gilt beim Tabakkonsum das von der Industrie viel zitierte Prinzip der freien Bürgerentscheidung.“ Er bedauert, dass es auch immer noch nicht verpönt ist, dass Personen mit Vorbildfunktion wie Politiker, Ärzte und Lehrer in der Öffentlichkeit rauchen. Auch dass Sponsoring oder sogar die Finanzierung von Parteitagen und politischen Veranstaltungen durch die Tabakindustrie bei uns immer noch üblich ist, empfindet er als skandalös. Dagegen hört man leider nichts von finanziellen Beiträgen der Tabakindustrie zur Rehabilitation von Lungenkrebspatienten oder Menschen nach Herzinfarkten – allein schon diese Tatsache sollte vom Rauchen abhalten – wenn der Produzent eines gesundheitsschädlichen Genussmittels sich nicht im geringsten um die Opfer seiner Produkte schert.

Raucher setzen das Leben von Nichtrauchern aufs Spiel!

Nichtraucher sind oft Opfer von Rauchern – und dies im wahrsten Sinne des Wortes. Um bis zu 40 % erhöht sich das Lungenkrebsrisiko, wenn man über Jahre hinweg vollgequalmt wird – zu Hause, am Arbeitsplatz oder sonstwo. Damit erfüllt ein Raucher eigentlich den Tatbestand der Körperverletzung. In den USA darf man das nicht. Bei uns scheint das Leben von NichtraucherInnen nicht so wichtig zu sein. Nur am Arbeitsplatz gilt ein Schutz: Zumindest theoretisch hat jede/r ArbeitnehmerIn Anspruch auf einen rauchfreien Arbeitsplatz. Besonders gefährdet sind Kinder, die in einem Raucherhaushalt aufwachsen.

Aufhören ist besser

Hier hilft nur eines: Aufhören. Leichter gesagt als getan, schließlich machen die Inhaltsstoffe der Zigarette abhängig, bzw. werden Gehirnstrukturen so beeinflusst, dass der Körper meint, nicht mehr ohne diese Substanzen auskommen zu können – eine geschickte Methode, seine Kundschaft an sich zu fesseln und sich deren Willen zu unterwerfen.

Schafft man es, mit dem Rauchen aufzuhören, hat sich das erhöhte Krebsrisiko nach 5 Jahren bereits halbiert. Nach 10–15 Jahren hat man nur noch das Risiko eines Nichtrauchers.

Tipps zum Aufhören können Sie sich beim Rauchertelefon des Deutschen Krebsforschungszentrums holen (s. Anhang, hilfreiche Adressen).

II.1 b) Alkohol

Alkohol und alkoholische Getränke gelten als Förderer für Krebs der Speiseröhre, des Rachens, des Kehlkopfes und der Mundhöhle. Auch ein Zusammenhang zwischen sehr hohem Alkoholkonsum und Krebs an Mastdarm, Leber und Mundhöhle sowie Brustkrebs wurde gefunden.

Raucht man zusätzlich, wenn man zu Hochprozentigem neigt, so ist diese Kombination besonders gefährlich (Mundhöhlen-, Speiseröhren- und Magenkrebs), bzw. die beiden Faktoren potenzieren sich in ihrer Wirkung.

Wer oder was bewirkt den Krebs bei Alkoholgenuss?

Dabei scheint es, dass Alkohol nicht direkt fördernd auf die Krebsentstehung wirkt, sondern sein Abbauprodukt, der sogenannte Acetaldehyd. Offensichtlich scheint er eine zellschädigende Wirkung zu haben.

Aber Alkoholgenuss beeinflusst das Ernährungsverhalten generell, außerdem den Stoffwechsel und die Aufnahme von Nährstoffen. Dadurch, dass Alkohol relativ energiereich ist, nimmt man weniger schützende Substanzen mit der restlichen, benötigten Kalorienmenge auf. Außerdem verbraucht Alkohol Vitamine. Das heißt, wer Alkohol trinkt, benötigt mehr davon.

Frauen sind besonders gefährdet!

Besonders Frauen müssen vorsichtig sein: Bei einer neuen wissenschaftlichen Untersuchung zeigte sich, dass bei ihnen bereits bei einer täglichen Alkoholaufnahme von 10–20 Gramm das Krebsrisiko um das 4,6fache, im Vergleich zu einem Konsum unter 10 g/Tag, ansteigt. Erhöht sich dagegen der Konsum auf 30–60 Gramm pro Tag, steigt das Risiko sogar um das 29fache. Selbst das Rauchen hat keinen so starken Einfluss auf die untersuchten Krebsarten wie die Alkoholmenge.

Insbesondere zwischen regelmäßigem Alkoholkonsum und Brustkrebs wurde ein Zusammenhang gefunden. Bereits der tägliche Konsum von 12 g Alkohol erhöht das Brustkrebsrisiko um 40 %. 80 g reiner Alkohol verdoppelt das Risiko.

Deshalb wird Frauen empfohlen, täglich nicht mehr als 10 Gramm Alkohol zu trinken, das entspricht 250 Milliliter Bier oder 125 Milliliter Wein.

Der Grund dafür, dass Frauen empfindlicher reagieren als Männer, liegt daran, dass der weibliche Körper Alkohol schlechter abbaut als der männliche.

II.2. Zuviel ist leicht was: Übergewicht als Krebsauslöser

Rund ein Drittel der Bundesbürger ist übergewichtig und schadet der Gesundheit durch üppiges Essen. Die Deutsche Gesellschaft für Ernährung hält dies sogar für das wichtigste Ernährungsproblem in der BRD, ganz besonders in den Altersgruppen über 30 Jahren. Mehrere Ärzte und Wissenschaftler sehen Übergewicht als eigenständigen Risikofaktor für verschiedene Krebsarten an: Dickdarm-, Brust-, Gebärmutterschleimhaut- und Gallenblasenkrebs.

Wenn das Übergewicht gar zur Fettsucht (Adipositas) wird, das heißt der BMI-Wert (s. Anhang/Lexikon) über 30 klettert, treten im Körper komplexe Veränderungen auf, die auch bei der Krebsentstehung und -entwicklung einen Einfluss haben. So ist der Insulin- und Sexualhormonspiegel erhöht und diejenigen Eiweiße, die Sexualhormone binden, treten in geringerer Konzentration auf. Bereits im Kindesalter hat zu hohe Energiezufuhr eine negative Wirkung: Das Wachstum ist beschleunigt und die Körpergröße im Erwachsenenalter ist erhöht. Außerdem setzt bei Mädchen die Periode früher ein. Tatsächlich wird die Grundlage für Brustkrebs bereits bei Jugendlichen gelegt und nicht erst durch die Fettzufuhr im Erwachsenenalter. Das bedeutet, dass man bereits bei Kindern aufpassen muss, dass sie nicht übergewichtig werden.

Später wird infolge Übergewichts bei bereits entstandenem Brustkrebs seine Weiterentwicklung durch Erhöhung wachstumsfördernder Hormone erreicht. Auch für zahlreiche andere Tumore ist das Risiko bei Adipositas erhöht, z. B. Nierenkrebs. Generell kommt bei hoher Gesamtfettaufnahme noch die Bauchspeicheldrüse, die Eierstöcke und bei Männern die Prostata hinzu.

Als Ursache für die krebsauslösende Wirkung wird bei Frauen eine erhöhte Produktion an den weiblichen Hormonen, den Östrogenen gesehen. Je dicker und größer man ist, desto höher die Produktion an Östrogenen und desto höher offensichtlich die Krebsgefahr. Man erklärt dies dadurch, dass im Fettgewebe Nebennierenhormone (z. B. Androstendion) in weibliche Hormone umgewandelt werden. Diese stimulieren Brustdrüsenzellen zum Krebswachstum. Übergewicht gilt bei älteren Frauen (ab 50, bzw. jenseits der Menopause) deshalb als eigenständiger Risikofaktor für Brustkrebs.

II.2 a) Krebs und das Idealgewicht: Wieviel braucht man eigentlich?

Ich möchte Sie nicht mit verschiedenen Meinungen darüber langweilen, was nun das „Idealgewicht" eigentlich ist. Körperlänge in cm minus 100 wird – nach dem Arzt Broca – als Normalgewicht angesehen. Abweichungen um einige kg spielen zumeist keine Rolle und man merkt doch auch selber, ob man sich mit seinem Gewicht noch wohlfühlt, entsprechend spricht man heutzutage vom „Wohlfühlgewicht", das 10–20 % über oder unter dem Normalgewicht liegen kann. Liegt man in diesem Bereich, dann hat man die höchste Lebenserwartung. Dennoch: am besten den Arzt bei einer Routinekontrolle einmal fragen, ob das Gewicht o.k. ist.

Das Augenmerk sollte dabei vor allem darauf gelegt werden, die Gewichtszunahme zu begrenzen, und weniger darauf, bestehendes Übergewicht abzubauen. Im Laufe des Erwachsenenalters sollte sich die Gewichtszunahme auf unter 5 kg beschränken. Damit wird u.a. ein gesundheitlich bedenklicher „JoJo-Effekt", d. h. wechselnde Ab- und Zunahme des Körpergewichts, vermieden.

Übergewicht ist jedenfalls in der Regel die Folge einer fehlerhaften, zucker- und fettreichen sowie ballaststoffarmen Ernährung. Wenn man 20–30 % über dem Brocagewicht liegt, gilt das als Übergewicht, das nur behandlungsbedürftig ist, wenn Gesundheitsstörungen damit verbunden sind. Ab 30 % Übergewicht besteht die Gefahr von Gesundheitsschäden.

II.2 b) Die verflixten Fette

Nicht nur bei der Entstehung von Übergewicht ist Fett entscheidend, sondern offensichtlich auch bei der Krebsentstehung. Dabei scheint die Gesamtfettaufnahme die höchste Bedeutung zu haben. „Je höher der Lebensstandard, desto höher der Fettverzehr, desto höher das Darmkrebsrisiko", so Prof. Dr. Kasper von der Uniklinik in Würzburg. Damit erklärt er, dass bösartige Tumore des Dickdarms und des Enddarms in allen westlichen Industriestaaten ständig zunehmen.

Fett an sich löst Krebs nicht aus. Es ist jedoch ein sogenannter Krebs-Promotor, d. h. über Jahre und Jahrzehnte wirkt es – zuviel genossen – krebsfördernd.

Generell weiß man noch nicht genau, wie Nahrungsfette zur Krebsentstehung beitragen. Wissenschaftliche Versuche deuten jedoch darauf hin, dass eine Fettzufuhr, die nicht zu Übergewicht führt, keine negativen Auswirkungen hat – nur das Zuviel ist von Bedeutung.

Man weiß jedoch soviel: Um Fett verdauen zu können, werden die sogenannten primären Gallensäuren in der Leber produziert. Je mehr Fett man isst, desto mehr benötigt man davon.

Diese Gallensäuren werden im Dickdarm bakteriell zu den sekundären Gallensäuren (s. Anhang/Lexikon) abgebaut, die sich im Tierversuch als direkt krebserzeugend erwiesen haben. Je mehr davon im Darm entstehen, desto höher wird auch das Risiko, an Dickdarmkrebs zu erkranken.

Aber nicht nur die aufgenommene Fettmenge spielt eine Rolle, sondern auch seine Zusammensetzung. Ist der Anteil an gesättigten, tierischen Fettsäuren sehr hoch und auch der Verzehr von bestimmten ungesättigten Fettsäuren aus Pflanzenöl (Distel- und Maiskeimöl), wirkt sich dies ungünstig aus. Vorteilhaft scheint sich dagegen eine ausreichende Zufuhr einfach ungesättigter Fettsäuren auszuwirken, wie Sie es in Olivenöl oder Kokosfett finden. Auch das Risiko für Brustkrebs können sie senken. Hochungesättigte Omega-3-Fettsäuren, die in Fischöl und Leinöl vermehrt vorkommen, scheinen ebenfalls Krebs entgegenzuwirken.

Wichtig ist es also auf die richtige Auswahl der Fette (Genaueres über Schadstoffgehalt, ob Margarine oder Butter besser ist, finden Sie in meinem Buch „Essen ohne Risiko", Umschau-Verlag Frankfurt) und auf versteckte Fette zu achten: fettes Fleisch, Schinken, Speck, fettreiche Wurst- und Käsesorten, fettreiche Backwaren und Fertiggerichte. Sie werden in diesem Buch vorwiegend Rezepte finden, die auf eine geringe Fettzufuhr ausgelegt sind. Personen mit Unter- und Normalgewicht können dann entsprechend großzügiger mit der Fettzufuhr sein: Süße Sahne statt saure, Sahne statt Joghurt …

Auf einen weiteren Punkt müssen Sie noch achten: Vorsicht bei verdorbenem Fett: ranzige Fette oder überhitzte Frittierfette mit einem stechenden Geruch unbedingt meiden – auch an Imbissbuden.

II. 3. „Fleisch – kein Stück Lebenskraft!"

Viel Fleisch zu essen galt als Privileg der Reichen und Begüterten. Als es für alle erschwinglich wurde, stürzten sie sich darauf und plötzlich wurde es täglich gegessen mit fatalen Folgen. Hoher Fleischkonsum fördert das Dickdarmkrebsrisiko. Dabei soll besonders Rindfleisch die Gefahr erhöhen. Bereits mehr als 134 g Rind-, Schweine- oder Lammfleisch täglich genossen, gilt als Risikofaktor. Dagegen konnte für Geflügel und Fisch keine krebsfördernde Wirkung festgestellt werden. Aber nicht nur für Dickdarmkrebs wird die Wahrscheinlichkeit größer: Der Genuss von viel rotem Fleisch bei gleichzeitig geringem Obst- und Gemüseverzehr erhöht die Wahrscheinlichkeit für Prostatakrebs.

Wieder mal das Fett ....

Auslöser für die gesundheitsschädliche Wirkung von Fleisch ist unter anderem das enthaltene tierische Fett, das nicht nur Übergewicht begünstigt, sondern die Abgabe von Gallensäuren in den Darm fördert. Achtet man nicht auf den Fettgehalt, so kann man sich mit Fleisch eine ordentliche Menge holen: Schweinefleisch enthält bis zu 50 %, Salami bis zu 60 % Fett. Es ist zudem Fett, das der Körper nicht braucht, ja sogar selber herstellen kann. Auch mit Schadstoffen ist es belastet: „Es enthält Rückstände von Düngemitteln, Pflanzenschutzmitteln und Insektenvertilgungsmitteln, Hormonen und Antibiotika. Vor allem in den Entgiftungsorganen der Tiere, z. B. Leber oder Nieren, sind diese Giftstoffe besonders konzentriert zu finden. Skandale, wie ein zu hoher Östrogengehalt im Kalbfleisch, haben zumindest in Deutschland zu gesetzlichen Regelungen geführt. Aber, wie wir seit dem BSE-Skandal wissen, kann verseuchtes Fleisch trotz Importverbot auf verschlungenen Wegen doch auf unsere Teller gelangen", so Christine Kretschmer und Dr. med. Alexander Herzog in ihrem Buch „Gesunde Ernährung bei Krebs".

Krebsfördernde Wirkung stark von der Zubereitungsart abhängig

Dabei ist die krebsfördernde Wirkung ganz offensichtlich stark von der Zubereitungsart abhängig. Scharf gebratenes und gegrilltes Fleisch mit stark gebräunter Oberfläche steigert das Risiko. Nicht umsonst hat Argentinien die höchste Darmkrebsrate der Welt.

Fleisch enthält keine Anti-Krebs-Wirkstoffe

Wenn im Speiseplan fettreiche Fleischwaren die Hauptrolle spielen, kommen pflanzliche Lebensmittel, Gemüse, Obst, Getreide, zwangsläufig zu kurz – und damit all jene Stoffe, wie z. B. Protease-Inhibitoren und Phyto-Östrogene (s. Teil

IV), denen eine krebsvorbeugende Wirkung zugesprochen wird. In der Darmflora kommen Enzyme (s. Anhang/Lexikon) vor, die Prokarzinogene (Vorstufen von krebserregenden Verbindungen) in krebserregende Substanzen umwandeln. Häufiger Fleischgenuss fördert die gefährliche Enzymumwandlung.

Ein hoher Fleischanteil in der Nahrung hat auch eine soziale Komponente: er ist ein aktiver Beitrag, den Welthunger zu schüren. Zwischen 8 und 12 kg Getreide benötigt man, um ein Kilo Fleisch zu erzeugen. Der bekannte Ernährungswissenschaftler Karl von Koerber gibt zu bedenken, dass ein um 10 % verringerter Fleischkonsum in den Industrieländern rein rechnerisch den Hunger auf der Welt besiegen könnte (und nicht die Gentechnik!). Und eine sehr positive Nebenwirkung wäre, dass wesentlich weniger Menschen an Darmkrebs sterben würden.

Das soll nun nicht heißen, dass Sie ganz auf Fleisch verzichten müssen. Bekanntermaßen haben diejenigen die höchste Lebenserwartung, die überwiegend vegetarisch leben, jedoch auch gelegentlich Fleisch verzehren, wie in der Vollwerternährung empfohlen.

Fazit:

Statt täglichem Fleisch- und Wurstgenuss nur 1- bis höchstens 3mal pro Woche Fleisch aus artgerechter Tierhaltung. Dass senkt das Darmkrebsrisiko, fördert eine lange Lebenserwartung und lindert viel, sehr viel Leid auf dieser Welt.

II. 4. Eiweiß als Krebsauslöser?

Eiweiß ist der Grundbaustein jeder Körperzelle und muss mit der Nahrung zugeführt werden. Man findet es vor allem in Milch und ihren Produkten, z. B. Käse, dann in Ei, Fleisch, Fisch, Soja, Nüssen, Samen und Hülsenfrüchten.

Die Rolle von Eiweiß bei der Krebsentstehung ist noch nicht vollständig geklärt. Gesichert ist jedoch, dass eine hohe Eiweißkonzentration eine vermehrte Bildung von Harnstoff bedeutet, der in den Darm gelangt und dort zu Ammoniak wird. Und Ammoniak steht in Verdacht, Krebs auszulösen. Ein weiterer Faktor ist hier interessant: Wie Sie bereits wissen, kann Östrogen eine Rolle z. B. bei der Brustkrebsentstehung spielen. Eine erhöhte Östrogen-Produktion wird z. B. durch eine hohe Eiweißzufuhr erreicht.

Offensichtlich ist, dass eine Eiweißzufuhr von unter 20 % der Nahrungsenergiezufuhr die Krebsentstehung unterdrückt. Eiweißmengen, die zum optimalen Wachstum erforderlich sind, scheinen keine krebsfördernde Wirkung zu haben. Das Zuviel an Eiweiß ist problematisch.

Das bedeutet für Sie: auf gar keinen Fall Eiweißpräparate einnehmen – außer der Arzt hat dies aufgrund eines Eiweißmangels, wie er z. B. bei einer einseitigen Diät auftreten kann, oder sonstigen Gesundheitsproblemen ausdrücklich angeordnet – weder als Zugabe zu Drinks noch anderweitig. In Deutschland haben wir in der Regel keinen Eiweißmangel.

III Sorglos essen heutzutage – aber wie?

So gut wie heute ging es uns noch nie – so hört man allgemein. Und das stimmt – eine Generation, die in ihrem Leben nie hungern musste, so etwas gab es kaum in der Menschheitsgeschichte. UND: Die Lebenserwartung steigt immer noch. Das ist jedoch nur ein bedingt aussagekräftiges Argument. Einerseits macht die Medizin immer noch gewaltige Forschritte, andererseits gibt es eine große Zahl an unheilbaren Krankheiten. Und oft genug wird nicht das Leben, sondern das Sterben verlängert. Außerdem kann sich das mit der Lebenserwartung schnell ändern. Die Krebsrate steigt beständig und es ist nicht vollständig geklärt warum. Sicher: einige Faktoren kennt man, jedoch nicht alle. „Die in der Öffentlichkeit vorherrschende Meinung, dass vorzugsweise Lebensmittelzusätze und Schadstoffe in Lebensmitteln für ein Krebsrisiko verantwortlich seien, dafür gibt es keine wissenschaftlichen Hinweise", so erfährt man aus einer Veröffentlichung des Deutschen Instituts für Ernährungsforschung (s. Quellen). Das stimmt sicherlich. Denn Rauchen, falsche Ernährung und Übergewicht gehören nun einmal zu den hauptsächlichen Krebsauslösern. Aber wurden tatsächlich alle Zusatzstoffe – auch die zahlreichen, die nicht deklariert werden müssen – untersucht? Alle Pestizide? Von ihnen wird bei der Zulassung z. B. nicht untersucht, ob sie hormonelle Wirkung haben. Wolfgang Hien, Co-Autor von „Pestizide und Gesundheit" ist der Meinung, dass z. B. „Pestizide einen bedeutenden Anteil an der Entstehung umweltbedingter Krebserkrankungen haben". Und: Kann man überhaupt alle Schadstoffe, denen der Mensch ausgesetzt ist, untersuchen? Viele Versuche an Menschen schließen sich von vornherein aus, und die Ergebnisse von Tierversuchen sind nicht hundertprozentig auf Menschen zu übertragen. Dann kommt noch etwas hinzu: Die Krebstodesursachen sind – wie bereits erwähnt – oft selbst gemacht. Es erkranken aber durchaus Menschen, die nicht rauchen, kaum Alkohol trinken und sich gesund ernähren. Für diesen Personenkreis kommen dann eben die anderen Faktoren zum Tragen und von so manchen Substanzen und Verfahren ist bekannt, dass sie krebsauslösend sind bzw. sein können. Und haben wir nicht die Pflicht, auch diesen Personenkreis vor Schadstoffen zu schützen? Um welche Giftstoffe es geht und welche davon vermeidbar wären oder sind, das erfahren Sie im folgenden Teil des Buches.

III.1 So kommen Schadstoffe in unser Essen

III.1 a) Aus der Natur

Es gibt Krebsauslöser in Lebensmitteln, die nicht aus dem Chemielabor stammen, sondern natürlichen Ursprungs sind. Vor allem Giftstoffe von Schimmelpilzen können zu Krebs führen. Sie zu kennen, bedeutet jedoch gleichzeitig, sie umgehen bzw. vermeiden zu können.

Bestimmte Schimmelpilzarten können unter den entsprechenden Umgebungsfaktoren hochgiftige Stoffwechselprodukte, die sogenannten Mykotoxine bilden. Das bekannteste Beispiel sind Aflatoxine. Sie gehören zu den gefährlichsten Vertretern der bei uns nachgewiesenen Schimmelpilz-Gifte, wenn sie nicht sogar die gefährlichsten überhaupt sind. Sie können zu Leberkrebs führen und sollten – wann immer möglich – vermieden werden.

Zuerst für das menschliche Auge unsichtbar und auch nicht gesundheitsschädlich, leben Schimmelpilze oder ihre Sporen (s. Anhang, Lexikon) auf fast allen Nahrungsmitteln. Ungeeignete Aufbewahrung, feuchte und schlecht belüftete Lagerung, lässt die Pilze wachsen. Vor allem bei warmer und gleichzeitig feuchter Witterung gedeihen sie prächtig. Ihre Lieblingstemperaturen sind 20–35° C. Sie wachsen bei uns auf stärke- oder ölhaltigen Lebensmitteln. Pistazien zählen zur Zeit zu denjenigen Lebensmitteln, die am stärksten mit Aflatoxinen belastet sind. Bevorzugt findet man sie außerdem auf Erdnüssen, Haselnüssen, Mandeln, Kokosflocken, Soja, Mais und Getreide. Erdnüsse galten lange Zeit als besonders gefährdet. Hier hat jedoch der Anbau resistenter Sorten, die nicht von Schimmelpilzen befallen werden, gute Sortierung neben einwandfreier Lagerung und sorgfältigem Transport zur Reduzierung des Aflatoxingehaltes geführt.Leider sieht man dem Lebensmittel nicht immer an, dass es Aflatoxine enthält. Sie durchdringen – meist unsichtbar – das gesamte Lebensmittel. Um so wichtiger ist es, verschimmelte Lebensmittel wegzuwerfen.

Das Lebensmittelgesetz schreibt Grenzwerte für Aflatoxine vor. Dennoch: einen Schwellenwert für krebserzeugende Wirkung gibt es leider nicht. Auch kleinsten Mengen muss Aufmerksamkeit geschenkt werden.

Auch andere natürliche Krebserreger sind bekannt. Dazu gehört das Patulin, das in verschimmeltem Brot, Gebäck, Apfelsaft und Fleisch nachgewiesen wurde. Vor allem in braunfaulen Äpfeln kann dieses Gift enthalten sein. Der Krebserreger „wandert" unter Umständen in das Gewebe, das das befallene umgibt. Dies ist zum Beispiel bei Tomaten, Birnen und Pfirsichen, nicht jedoch bei Äpfeln nachgewiesen. Das heißt: Äpfel können Sie großzügig ausschneiden und den Rest essen. Man findet Patulin häufig in Fruchtsäften, vor allem in Apfelsaft. Doch sind die nachgewiesenen Mengen meist sehr niedrig. Wird der Fruchtsaft vergoren, also zu Alkohol oder Essig umgewandelt, wird es zu 99 % zerstört.

Wie kann man diese Gifte umgehen?

Folgende Tipps helfen:

- Geschimmeltes und Gefaultes grundsätzlich wegwerfen! Jawohl, auch wenn nur wenig Schimmel zu sehen ist! Falsche Sarsamkeit führt hier in die Krankheit. Insbesondere bei geschimmelten Getreideprodukten ist Vorsicht angesagt. Geschimmeltes Müsli schadet definitiv mehr als es nützt!
- Auch hilft es nicht, die sichtbar verschimmelten Teile des Lebensmittels selbst großzügig zu entfernen: Die Kanzerogene können in die tiefer liegenden Schichten des Lebensmittels eindringen.
- Nochmaliges Aufkochen von verschimmelter Ware, wie beispielsweise Marmelade, hilft auch nicht weiter: Diese Giftstoffe sind hitzestabil!
- Beim Einkauf geschimmelte Ware unbedingt zurückweisen. Das gilt natürlich genauso für Bioware – auch sie ist nicht mehr gesund, wenn Schimmel zu sehen ist!

Wie Sie sehen, können Sie durch Wissen Krebs vermeiden. Sorgfältige Lagerung und Kontrolle der Lebensmittel schützen in diesem Falle vor Krebs. Dies betrifft auch noch eine andere gesundheitsschädliche Stoffgruppe: ranzige Fette. Hier hilft nur dunkel und verschlossen aufbewahren und nach dem Verfallsdatum wegwerfen.

III.I b) Aus der Umwelt

Umweltschadstoffe sind in ständiger Diskussion und sie spielen auch für das Krebsgeschehen eine Rolle. Mit die wichtigsten Substanzen findet man in Industrie- und Autoabgasen. Man vermutet, dass sie bei der Entstehung von Lungenkrebs eine Rolle spielen.

Bekanntermaßen stößt der Autoverkehr heute immer noch von allen Luftverschmutzern die größten Mengen von Luftschadstoffen aus, die Atemwegserkrankungen, wie z. B. Asthma, Allergien und eben auch Krebserkrankungen begünstigen. Folgende Substanzen sind relevant:

Benzol: Es steckt als Verunreinigung zu etwa 2 % im Benzin und entsteht vor allem in Otto-Motoren während der Verbrennung. Ein Katalysator fängt zumeist das Gros der Benzolmenge ab. Die Substanz ist seit langem als Krebsauslöser bekannt.

Rußpartikel können Krebs auslösen und werden fast ausschließlich von Diesel-Motoren an die Luft abgegeben. Fanden Dieselmotoren früher hauptsächlich in großen Nutzfahrzeugen Verwendung, so gibt es heute dank des meist geringen Kraftstoffverbrauchs einen stetig wachsenden Anteil an Diesel-Pkw. Die Krebsgefahr durch Rußpartikel ist etwa neunmal so hoch wie die durch Benzol. Laut LAI (Länderausschuss für Immissionsschutz) sind über 60 % aller durch Luftschadstoffe hervorgerufenen Krebserkrankungen in Ballungsgebieten auf Rußpartikel aus Dieselmotoren zurückzuführen. Offensichtlich verursacht besonders die Zahl der sehr kleinen Partikel ein hohes Risiko, nicht die Masse der großen. Hier besteht dringendst politischer Handlungsbedarf. Wenigstens hat PEUGEOT mit seinem 607 HDI den ersten Serien-Diesel mit Rußpartikelfilter entwickelt – derartige Filter sollten so schnell wie irgend möglich Pflicht werden – wenn man es mit der Krebsvorsorge ernst nehmen will.

Für die Krebsentstehung spielen auch noch andere Luftschadstoffe eine Rolle, allen voran die polyzyklischen, aromatischen Kohlenwasserstoffe, kurz PAKs genannt. Als diejenige Substanz mit dem höchsten krebsauslösenden Potential in dieser Gruppe wurde Benzpyren gefunden. PAKs sind in der Umwelt weit verbreitet. Der Grund: Sie entstehen bei der unvollständigen Verbrennung von z. B. Kohle, Holz, Heizöl, Motorkraftstoffen und Rauchtabak. Auch als Folge von Vulkanausbrüchen, Wald- und Steppenbränden treten sie auf. Über städtischen Wohn- und Industriegebieten liegt die Konzentration in der Luft jedoch höher als über ländlichen Gebieten. Daran sieht man den hohen Beitrag menschlicher Aktivitäten.

Der Mensch nimmt PAKs über die Luft auf und über die Nahrung. Schließlich führten eine Reihe von Vorschriften für Feuerungsanlagen in der Industrie, die Einführung des Katalysators für KFZ zu einer Reduzierung der PAK-Konzentrationen. Dies hat sich auch am Gehalt der Nahrungspflanzen gezeigt. So wurde in Grünkohl Mitte der 1960er Jahre 12–24 µg Benzpyren pro kg Frischgewicht gefunden, Anfang der 1990er Jahre 0,8–1,4 µg/kg. Offene Kamine und Kachelöfen sind jedoch immer noch ein Problem, das leider nicht als solches erkannt wird. Kommunale Umweltbeauftragte und Kaminkehrer können ein Lied davon singen. Dies insbesondere, da derartige Feuerungsstätten oft genug zur Beseitigung von Abfall und damit zum Sparen von Müllgebühren genutzt werden.

Eine weitere Gefahr an Umweltschadstoffen stellen radioaktive Strahlen dar. Sie gehören zu den ionisierenden Strahlen und sind krebserregend. Leider gibt es sie – abhängig von der geologischen Beschaffenheit – auch natürlich. Ob man in einem gefährdeten Gebiet wohnt, bzw. das Gebiet, wo man hinziehen möchte, belastet ist, erfährt man vom örtlichen Gesundheitsamt.

Zu der natürlichen Belastung kommt diejenige aus den oberirdischen Kernwaffentests und die des Reaktorunfalls in Tschernobyl hinzu. Bedenklich sind die Konzentrationen immer noch in Lebensmitteln, die aus Wäldern stammen, so z. B. Speisepilze. Die Ursache liegt darin, dass das radioaktive Cäsium in Waldböden (in Unterschied zu den meisten Wiesen- und Ackerböden) im allgemeinen nur schwach von den Bodenbestandteilen gebunden wird. Daher kann es in erhöhtem Ausmaß von den dort wachsenden Pflanzen über die Wurzel aufgenommen werden. Wer sich näher über die Belastung informieren will, der kann im Internet unter www.bfs.de Näheres erfahren.

Generell besteht unter Beibehaltung von Atomenergie immer ein Restrisiko für einen GAU. Eines ist sicher: Solar- und Windanlagen können keinen GAU und keine radioaktive Verseuchung der Bevölkerung verursachen, und die Verwendung von Pflanzenöl wird keine Ölpest mit den verheerenden Folgen für Mensch und Tier bewirken.

Aber man atmet Luft- und Wasserschadstoffe nicht nur ein, sie können in unsere Nahrungspflanzen und -tiere und damit in unsere Lebensmittel gelangen. Die Verschmutzung von Gewässern kann Fische vergiften. Der Grund dafür, dass man Umweltschadstoffe wie PCP oder Dioxine, DDT etc. im Körperfett von Nutztieren findet, liegt in ihrer Fettlöslichkeit. Sie werden im Körperfett der Nutztiere gespeichert und gelangen so in Fleisch, Milch und Milchprodukte. „Auch Fische, Krustentiere und Weichtiere enthalten zum Teil erhebliche Konzentrationen an Schadstoffen, die sie aus dem Wasser aufgenommen haben", so Erhard Deml, Leiter der Abteilung für technische Sicherheit am GSF-Forschungszentrum in Neuherberg bei München. Damit man sich nicht vergiftet, gibt es eine Verordnung über Höchstmengen an bestimmten Schadstoffen in Lebensmitteln, kurz Schadstoff-Höchstmengenverordnung genannt. Hier sind zulässige Höchstmengen für PCB in Fleisch sowie Fischen etc. geregelt.

Auch technische Geräte stehen im Verdacht, Krebs auszulösen. Besonders das Handy wird aufgrund der von ihm ausgehenden elektromagnetischen Felder diskutiert. Da Telefone besonders nahe an unseren Körper kommen, stellt sich die Frage, ob sie Gesundheitsschäden hervorrufen. Ob sie der Grund für Hirn- oder Augentumore sind, ist nicht sicher geklärt. Dennoch ist das Vertrauen der Bevölkerung groß und das technische Gerät wird intensiv verwendet. Es gibt jedoch Stimmen, die besagen, dass schnurlose Telefone gefährlicher sind als Handys, insbesondere diejenigen mit sogenanntem DECT-Standard, die im Gegensatz zu den CT1+-Geräten ständig Strahlung aussenden, auch wenn niemand telefoniert.

Wer Bedenken hat, nutzt das Handy nur für wirklich wichtige Gespräche und versucht als schnurloses Telefon noch eines der CT1+-Geräte zu bekommen. Ökotest veröffentlichte im Dezember 1999 eine Liste der damals noch erhältlichen. Bekommen Sie erwartungsgemäß nur ein DECT-Gerät, können Sie vorsichtshalber in der Nacht den Stecker (nicht den Telefonstecker) herausziehen. Das Signal hört man trotzdem und sprechen kann man sofort nach dem Wiedereinstecken des Stromkabels.

III.1 c) Aus der Landwirtschaft

Bis 1950 waren alle Landwirte Biobauern, ausnahmslos. Kunstdünger wurde fast überhaupt nicht eingesetzt, Spritzmittel gegen Insekten (die sog. Insektizide) gab es nicht, und auch die so genannten „Pflanzenschutzmittel" – also Herbizide – waren unbekannt. Auch Massentierhaltung kannte niemand. Nach dem 2. Weltkrieg lagen die Industriebetriebe – auch die Chemiewerke – in Deutschland zerstört am Boden. 15 Jahre dauerte es etwa, bis die Industrie neu aufgebaut war. Dann herrschte zunächst großer Arbeitskräftemangel in den Industriebetrieben. Dies führte Anfang der sechziger Jahre dazu, dass immer mehr Landarbeiter in die besser bezahlten Fabrikarbeitsplätze abwanderten. Das zwang die Landwirte zum Rationalisieren und die industrielle Landwirtschaft nahm ihren Anfang. Die Bauern waren nicht mehr im gewohnten Ausmaß abhängig von der Natur. Hunger war plötzlich unbekannt. Ganz im Gegenteil: mit Tierfabriken, sprich Massentierhaltung, und dem Großeinsatz von Kunstdünger und Spritzmitteln (Pestizide) stiegen die Erträge soweit, dass man Nahrungsmittel vernichtete, vergiftete, ins Meer schüttete, um „die Preise stabil zu halten". Nahrungsmittel, die Jahrtausende lang ein knappes Gut gewesen waren und Eltern dazu bewegt hatte, den Kindern beizubringen, dass „nichts weggeworfen" wird, waren plötzlich im Überfluss vorhanden, und die VerbraucherInnen gewöhnten sich daran, immer weniger Geld dafür auszugeben. Die Produktion stieg. Erwirtschaftete 1950 eine Erwerbsperson in der Landwirtschaft pro Hektar Fläche 2,5 t Nahrungsmittel, waren es 1990 im Durchschnitt 6,6 t. Begleitet wurde dies von einem breiten rezepthaften Einsatz von Pflanzenschutz- und Düngemitteln, ganz nach dem Motto: „Viel hilft viel". Nur so sah sich der Landwirt in der Lage, billige Lebensmittel zu produzieren, ohne dabei selbst Schiffbruch zu erleiden. Leider sanken damit nicht nur die Preise, sondern auch die Qualität. Die Fehlernährung mit der „Industrienahrung" führte zu den bekannten Zivilisationskrankheiten. Krebs – auch bei jungen Menschen –

ist nur eine Folge davon. Biobauer Martin Mayer vom Stumbeck-Hof in Siegertsbrunn bei München kommentiert die Entwicklung folgendermaßen: „Wenn man sich ansieht, was heutzutage in der Landwirtschaft passiert: Mit chemischem Pflanzenschutz und Düngemittel schafft man sich eine Überproduktion. Dann verfällt der Preis. Dadurch muss der Bauer vom Staat subventioniert werden. Somit hat der Verbraucher unter dem Strich gesehen doch keine billigeren Lebensmittel, denn er muss die Subventionen bezahlen. Gewinnen tut nur der, der die chemischen Mittel verkauft oder herstellt."

So kommt es, dass „konventionelle" Landwirtschaft einen negativen Beiklang erhielt und für die Umwelt und auch die Menschen zum Problem wurde und ist.

Gerade von der konventionellen Landwirtschaft bzw. aus der Massentierhaltung wurde immer wieder berichtet, dass ein Überschuss an Gülle und Mist anfällt. Das bedeutet aber gleichzeitig eine hohe Konzentration an Ammoniak. Dies ruft in unmittelbarer Umgebung nicht nur ein Waldsterben hervor, sondern es steht im Verdacht, krebsauslösend zu sein.

Aber für die Entstehung der gefährlichen Krankheit ist nicht nur Ammoniak von Bedeutung. Nitrit, Nitrosamine und Pestizide sind in dieser Hinsicht ebenso interessant.

Generell haben heutzutage fast alle Menschen mindestens 500 Chemikalien in ihrem Körper, die es vor 70 Jahren noch nicht gab. Da wird gespritzt und gedüngt, entseucht und bekämpft. Mit Unkrautvernichtungs- und Pilzbekämpfungsmitteln, mit Halmverkürzern und Wachstumshemmern, mit Insektenvernichtungs- und Bodenentseuchungsmitteln wird der Ertrag gesteigert – bis – ja, bis wohin? Und weil das giftige Zeug ja nicht einfach so gespritzt werden kann, wird es mit Netz- und Heftmitteln, Antioxidantien, Entschäumern, Lösungsmitteln und Emulgatoren, mit Trägerstoffen und Substanzen zur Vermeidung von Spritzflecken, vermischt. Damit alles üppig wächst und billig herzustellen ist, wird gedüngt mit Klärschlamm und Kunstdüngern, mit ungegorener Jauche und kaum abgelagertem Mist.

Das Ziel sind Feldfrüchte und Futtermittel, die höchste Erträge garantieren, irgendwelchen Güteklassen sowie EG-Qualitätsnormen entsprechen und hohen Gewinn abwerfen. Dass nicht wenige Menschen durch einen derartigen Chemieeinsatz krank werden, scheint keine Rolle zu spielen. So kommt es, dass auch unser Trinkwasser stark belastet ist und die Wasserwirtschaftsämter teure Verfahren anwenden müssen, um die giftigen Reststoffe aus dem Wasser herauszufiltern. Nicht überall hat man wie in München durch eine vorausschauende Politik das gesamte Einzugsgebiet des Trinkwassers auf ökologischen Landbau umgestellt. Aber sehen wir uns an, inwiefern Pestizide zur Krebsgefahr beitragen.

Pestizide – Vorsicht Krebs!

Chemisch-synthetische – also künstlich im Chemielabor hergestellte – Pestizide (von gr. Pest = Schädling und cidere = töten), also Schädlingsbekämpfungsmittel, dürfen nach wie vor in der konventionellen Landwirtschaft eingesetzt werden. Da die Schädlinge auf Dauer gegen das jeweilige Gift resistent, also unempfindlich werden, müssen gleichzeitig stets neue Pestizide entwickelt werden.

Sind Pestizide auch heute noch gefährlich?

In der EU ist die Zulassung eines neuen Wirkstoffes teuer: ca. 250 Millionen Euro sind nötig, bis die Substanz alle Prüfungen bzgl. der Gefährlichkeit des Wirkstoffes durchlaufen hat.

280 Wirkstoffe (!) in über 1100 Präparaten sind in Deutschland zugelassen (Stand Januar 1999), in der EU ein Mehrfaches davon. Die Substanz darf nicht giftig oder krebsauslösend sein, sollte nicht im Trinkwasser erscheinen und, und, und. Man ist aus dem Schaden durch die gefährlichen Chemikalien klug geworden und lässt solche Substanzen wie DDT und Nitrofen nicht mehr zu. Wie lange diese Gifte haltbar sind, hat man am vergangenen Lebensmittelskandal im Frühjahr 2002 gesehen – auch nach über 10 Jahren Verbot sind sie noch gefährlich. Solche gesundheitsschädlichen Substanzen hätten gar nicht eingesetzt werden dürfen. Darum sind sie im ökologischen Landbau schon immer verboten gewesen.

Leider wird auch heute – obwohl die Chemikalien bei weitem nicht mehr so gefährlich sind wie noch vor 15 Jahren – nicht auf die hormonelle Wirkung untersucht. Da auch Hormone bei der Krebsentstehung beteiligt sein können, ein Versäumnis, das sich als gefährlich erweisen kann.

Gesundheitsprobleme durch Pestizide?

Vor allem Langzeitfolgen wie Krebs werden den Chemikaliengemischen zugeschrieben. „Dass intensiver Umgang mit Pestiziden auch beim Menschen Chromosomenschäden (Schäden an der Erbsubstanz) erzeugt, ist seit langem bekannt“, so Wolfgang Hien. Dafür werden sowohl Kombinationen von Pestiziden, als auch einzelne Wirkstoffe allein verantwortlich gemacht, z. B. DDT. Letzteres ist zwar bei uns verboten, wird jedoch immer wieder in Lebensmitteln gefunden, da das Verbot nicht weltweit gilt.

Die Krebshäufigkeit ist bei landwirtschaftlichen Berufen erhöht – so Prof. Dr. Ottmar Wassermann (Lehrstuhl für Toxikologie an der Universität Kiel em., Vorstand des Forschungsinstituts für biologischen Landbau (FIBL), Berlin). Betroffen sind aber auch GärtnerInnen, Waldarbeiter und die MitarbeiterInnen derjenigen Industriebetriebe, die die entsprechenden Produkte verarbeiten (Spanplattenhersteller z. B.) etc. Bei amtlich zugelassenen Schädlings-Bekämpfern wurde ein erhöhtes Lungenkrebs-Risiko bemerkt. Von bestimmten Pestiziden wie Nikotin und DDT ist bekannt, dass sie das Leukämierisiko erhöhen. Welche weiteren gefährlichen Wirkungen noch von den Chemikalien ausgehen, können Sie in meinem Buch „Essen ohne Risiko" nachlesen.

Lars Neumeister, Projektleiter des Pestizid-Aktions-Netzwerks (PAN) Deutschland, hält auch Rückstände von Pestizidspuren für bedenklich: „Wie sich die häufige Aufnahme geringer Pestizid-Konzentrationen auswirkt, ist bisher nicht sehr gut erforscht." Generell streitet man sich um die Anzahl der Krebstoten, die durch Pestizide verursacht werden. Insbesondere seien Kombinationswirkungen verschiedener Mutationen auslösender und den Krebs verstärkender Pestizide vernachlässigt worden. Und oft genug werden in unseren Lebensmitteln gleichzeitig Rückstände von mehreren Giftstoffen gefunden.

Zumeist liegen nur Untersuchungen von besonders betroffenen Berufsgruppen vor. Hier wird ein Zusammenhang zwischen Pestiziden und Krebs bei fast allen Tumorarten vermutet: Neben Leukämien, Magen- und Prostata-Krebs, Gehirntumore etc. „Viele Zell- und Gewebstypen des menschlichen Körpers werden durch Pestizide angegriffen: die blutbildenden Zellen des Knochenmarks, das Lymph-, Stütz- und Nervengewebe, der Atemapparat und die Fortpflanzungsorgane", so Wolfgang Hien. Und: Obendrein können bestimmte Pestizide bösartige Tumore in ganz verschiedenen Geweben erzeugen. Er ist jedenfalls der Ansicht, dass betreffende Forschergruppen eine Beunruhigung und eine möglicherweise dadurch bedingte Überbewertung der Pestizide durch die Betroffenen vermeiden wollen, indem sie entsprechende Untersuchungen sehr zurückhaltend bewerten. Auch glaubt er nicht daran, dass Umweltchemikalien nur zu weniger als ein Prozent an der Auslösung von Krebs beteiligt sind und er hält es nicht für richtig, dass an dem „Hauptfaktor falsche Ernährung" festgehalten wird, wie dies die offizielle Krebsforschung immer noch tut. Dafür gäbe es keine Berechtigung. Man ignoriere damit die zunehmende Belastung des Trinkwassers durch Pestizide. Er hält eine Verwendungsbeschränkung von chemisch-synthetischen Pestiziden für absolut notwendig. Er schreibt: „Kritische Arbeiten zum Problem der krebserzeugenden Wirkung von Pestiziden werden in der Regel von den zuständigen Behörden hierzulande, so lange es irgend geht, ignoriert."

Vorsichtig müssen schwangere Frauen sein: als bei Kindern eine erhöhte Krebshäufigkeit entdeckt wurde, konnte man dies darauf zurückführen, dass die Mütter vor der Geburt einem bestimmten Pestizid ausgesetzt waren. Als man in Los Angeles kindliche Leukämien analysierte, erhärtete sich der Verdacht, dass daran der elterliche Umgang mit Pestiziden in Haus und Garten verantwortlich war. Generell sollten Mütter und vor allem auch Schwangere, von einem häuslichen Pestizid-Gebrauch Abstand nehmen.

Durch Anwendungsfehler wird zuviel und zu oft gespritzt, davon berichtete Ökotest schon vor Jahren. Wenn Sie das alles erschreckt und Sie das nicht wollen, hilft nur eines:

Produkte aus dem ökologischen Landbau dürfen nicht mit chemisch-synthetischen Pestiziden erzeugt werden.

Werden heute noch Pestizidrückstände in Lebensmitteln gefunden?

Leider sind die Behörden gezwungen, Daten über Untersuchungsergebnisse geheim zu halten (Datenschutz), da das Verbraucherinformationsgesetz im Frühjahr 2002 von der Opposition abgelehnt wurde. Infolgedessen ist man i. d. R. auf Untersuchungen von Privatunternehmen angewiesen. Sehr hilfreich sind hierzu die Urteile von Ökotest. Einige Beispiele sollen zeigen, wie gefährlich manche Obst- und Gemüsesorten sein können:

- Im April 2002 veröffentlichte Ökotest eine Untersuchung an Erdbeeren, die Mitte Februar in Supermärkten und an Marktständen Berlins gekauft wurden. Von den elf Proben aus Spanien, Marokko und Ägypten enthielten alle, aber auch alle, Spuren an Pestiziden, die zum Teil krebserregend sind. Fünf Proben überschritten die deutschen Grenzwerte. Ökotest warnt, dass man insbesondere bei frühen ausländischen Früchten „besonders damit rechnen“ muss, „dass sie gespritzt wurden“. Heimische Ware sei dagegen weniger belastet, frischer, preiswerter und schmackhafter. Nicht nur das: Je frischer die Erdbeeren sind, desto mehr Vitamin C weisen sie auf. Und weiter empfiehlt Ökotest: „Ganz sicher geht man mit Bio-Qualität.“
- Im Mai 2002 veröffentlichte Ökotest eine Untersuchung an Möhren. Auch hier wurden reichlich Pestizide gefunden: In 21 der 30 Karotten-Proben wurden Pestizide gefunden, die bei uns verboten sind! Dabei genügt es offensichtlich nicht, nur eine Sorte der Gifte zu verwenden. Nein: Ökotest fand zum Teil gleich vier verschiedene Pestizide in einer Probe. Das offensichtliche Motto „Viel hilft viel“ – zumindest für die Gesundheit des Geldbeutels.
- Auch von Paprika sind zahlreiche Testurteile bzw. Behördenuntersuchungen bekannt, die von hohen Pestizidmengen berichten:

Anfang 2002 untersuchte das Landwirtschaftsministerium Baden-Württemberg. Das traurige Ergebnis: 78 Prozent der untersuchten Paprikaschoten, die überwiegend aus Spanien stammten, waren mehr als zulässig mit Pestiziden belastet. Und wiederum nach dem Motto „Viel hilft viel" fanden sich durchschnittlich sieben verschiedene Pestizide in den Proben. Nun könnte man meinen, dass dies ein überraschendes Ergebnis sei. Jedoch bereits in der Saison 1999/2000 ergab eine Untersuchung der Europäischen Kommission, dass 20 % der in der EU verkauften Paprika die Grenzwerte überschritt. Was hat man daraus gelernt? Offensichtlich dass noch mehr noch mehr hilft, oder wie würden Sie dieses Ergebnis interpretieren?

Man könnte diese Liste beliebig fortsetzen. In konventionellen, vor allem ausländischen (Nicht EU-Ware) Gemüse- und Obstsorten werden oft genug in der Hälfte der Proben mehr Pestizide – darunter so gut wie immer krebserregende – gefunden, als der Gesetzgeber für gesund erachtet.

Aber nicht nur Ökotest findet immer wieder Beanstandenswertes. Dr. Willi Gilsbach, Lebensmittelchemiker und Leiter des Sachgebietes für Rückstände von Pflanzenschutzmitteln und PCB am Landesuntersuchungsamt für das Gesundheitswesen Nordbayern, schreibt über seine Untersuchungen:

„Bei Gemüse erwiesen sich Kopfsalat und bei Obst Erdbeeren und Weintrauben als besonders rückstandshaltig. Hier waren auch die meisten Mehrfachrückstände zu finden. Insgesamt waren nur 8 % (in Worten: acht Prozent!) der Erdbeeren rückstandsfrei, bei Weintrauben knapp ein Fünftel aller Proben. Auch bei Äpfeln, Pfirsichen und Kopfsalat waren noch über 60 % mit Rückständen behaftet, dagegen überwog bei den Gemüsearten Möhren, Paprika und Tomate der rückstandsfreie Anteil".

Dabei darf man nicht vergessen, dass bei den Rückstandsproben nur Mischproben (d. h. viele Früchte oder viel Gemüse kommt zusammen in eine Probe, und der Durchschnittswert wird ermittelt) untersucht werden. Dabei gibt es sehr deutliche Hinweise, dass ein einzelnes Lebensmittel mit weit höheren Rückständen belastet sein kann, als das Gesamtkollektiv im Durchschnitt. Sicherlich gibt es dann ebenso Einzelproben, die gar nicht belastet sind. Aber beim Einkauf weiß man nicht, welches man nun erwischt hat.

Auch Lebensmittel mit Pestiziden, die bei uns verboten, aber in irgendeinem Land der EU zugelassen waren, dürfen bei uns verkauft werden. Das besagt ein Zusatz im Lebensmittel- und Bedarfsgegenständegesetz. Ein Beispiel hierzu: Tomaten aus EU-Staaten, die Rückstände des Pilzgiftes Chlorthalonil in Konzentrationen bis ein Milligramm pro Kilogramm enthalten, sind nach deutschem Lebensmittelrecht nicht verkehrsfähig. Infolge der EU-Gesetzgebung dürfen sie jedoch bei uns verkauft und entsprechend gegessen werden. Leider schützen uns weder die Behörden noch das Gesetz davor, belastete Lebensmittel zu verspeisen, und niemand hat ein Analysengerät zu Hause, um die Belastung festzustellen. Der Datenschutz, dem die Behörden unterliegen, tut ein übriges, damit man nicht erfährt, wer einen „vergiften" bzw. mit krebsauslösenden Substanzen belasten will.

Das bedeutet für Sie:

Sie können sich nur selbst schützen. Am besten gelingt dies durch Kauf von ökologisch erzeugtem Gemüse und Obst. Dort dürfen chemisch-synthetische Pestizide erst gar nicht verwendet werden – ohne darüber zu diskutieren, ob die Rückstände nun gesundheitsschädlich sind oder nicht!

Nitrat, Nitrit, Nitrosamine – nicht nur Babys sind betroffen

Bei den Mangelsubstanzen, die die Pflanzen am Wachstum hemmen, spielt Stickstoff die herausragende Rolle. Bekommt die Pflanze nicht genug davon, so ist eine Unterversorgung und damit starke Wachstumshemmung damit verbunden. Dies bedeutet deutliche Ertragseinbußen. Also düngte man nach dem Motto: „Viel hilft viel" mit den bekannten Folgen, wie z. B. hohe Nitratkonzentrationen im Trinkwasser.

Zuvor oder gleichzeitig gelangt Nitrat jedoch durch den massiven Einsatz von stickstoffhaltigem Mineral- und Naturdünger in die Böden. Je nach Sorte können Pflanzen Nitrat speichern. Ist das Angebot jedoch so hoch, dass die Pflanzen es nicht aufnehmen können, erfolgt – abhängig von der Bodenstruktur – eine mehr oder weniger schnelle Auswaschung in das Trinkwasser.

Ist Nitrat krebserregend?

Nitrat an sich ist für Erwachsene relativ harmlos. Es ist nur in sehr hohen Konzentrationen giftig. Bis zu 219 mg Nitrat sind für einen 60 kg schweren Erwachsenen durchaus tolerierbar. Als weitaus gefährlicher ist das aus Nitrat entstehende Nitrit einzuschätzen: 0,2 mg Natriumnitrit/kg Körpergewicht werden von der Welt-Gesundheits-Organisation (WHO) gerade noch als akzeptabel angesehen. Nitrit entsteht an vielen Stellen im menschlichen Organismus durch Bakterien. Sie können im Speichel und Magen-Darm-Trakt sowie an infizierten Schleimhäuten der Harnblase und des Rachenraums Nitrat zu Nitrit umwandeln.

Im sauren Magen können sich Bakterien i. d. R. nicht vermehren und auch kein Nitrit bilden. Deshalb wird Nitrat nur bei Säuglingen, deren Magen noch nicht den Säuregrad von Erwachsenen hat, im Magen zu Nitrit umgebaut.

Auch außerhalb des menschlichen Körpers bauen Bakterien Nitrat zu Nitrit um – um so mehr, je mehr Nitrat ihnen zur Verfügung steht.

Gefährlicher als Nitrat sind, auch für Erwachsene, die Nitrosamine. Sie entstehen unter Hitzeeinwirkung beim Braten und Grillen oder auch im sauren Magen aus dem mit der Nahrung zugeführten Nitrit und Eiweiß, und zwar umso mehr, je mehr Nitrit vorhanden ist. Auch im Pökelsalz von Fleischwaren und einigen Käsesorten ist Nitrit enthalten.

Die Gefährlichkeit der Nitrosamine liegt in ihrer krebserzeugenden, erbgut- und teilweise embryoschädigenden Wirkung. Substanzen, die im Blut von Rauchern und Passivrauchern vorkommen, wirken verstärkend auf die Nitrosaminbildung. Vitamin C und Vitamin E hemmen dagegen seine Entstehung.

Man vermutet, dass hohe Nitratkonzentrationen im Trinkwasser die Ursache des gehäuften Auftretens von Magenkrebs in bestimmten Regionen Bayerns sind. Gerade dort könnte dies der Fall sein, wo noch hauseigenes Brunnenwasser verwendet wird, dessen Nitratgehalt und mikrobielle Belastung nicht kontrolliert werden. Allein daran sieht man, wie wichtig ein geringer Nitratgehalt im Trinkwasser ist.

Nitratgehalt in Bio-Gemüse, Treibhaus- und konventionellen Produkten

Der Gehalt an Nitrat im Gemüse hängt sehr stark von der Anbauform ab. Folgende Nitratwerte wurden im konventionellen Landbau z. B. bei Feldsalat gefunden: 1.170 mg/kg, fast die dreifache Menge im Treibhaussalat (3200 mg/kg) und am wenigsten im Salat aus biologischem Anbau (710 mg/kg). Bei Petersilie wurden deutlichere Werte gefunden: Konventionell: 840 mg, Treibhaus: 3.400 mg, ökologischer Anbau: 110 mg.

Wenn man diese beispielhaften Werte kennt, wer würde da seinem Baby noch Gemüse aus Treibhaus- oder konventionellen Anbau geben?

Aber auch von der Jahreszeit bzw. der Lichtintensität, die den Pflanzen beim Wachstum zur Verfügung steht, hängt der Nitratgehalt ab. Im Sommer wird das Nitrat schnell gespeichert und abgebaut. Im Winter findet man entsprechend höhere Werte. Der Grund dafür ist, dass die Substanz bei intensivem Lichteinfall in Pflanzeneiweiß eingebaut wird. Wenn die Lichtverhältnisse ungünstig sind, wie im Treibhaus oder unter der Folie, kann sich Nitrat in den Pflanzen anreichern.

Sogar der Erntezeitpunkt ist wichtig: In Spinat, der früh am Morgen geerntet wurde, fand man doppelt so viel Nitrat wie in abends geschnittenem. Bei Blattgemüse sind die Stiele und Rippen, bei Salaten und Chinakohl die äußeren Blätter besonders nitratreich.

Was hat das für Sie zu bedeuten?

Zuallererst: Schon früher wusste man, dass man Reste von besonders nitrathaltigen Speisen wie Spinat nicht aufbewahren und wieder aufwärmen darf – vor allem für Babys. Tut man es dennoch, gibt man den Bakterien die Chance Nitrat zu Nitrit umzuwandeln. Bei Salat ist Nitrat vor allem in den Blattrippen gespeichert, die man daher am besten weglässt.

Besonders wichtig ist es jedoch, auf die Anbauform zu achten. Im ökologischen Anbau darf zum einen kein Kunstdünger verwendet werden, zum anderen ist nur eine bestimmte Anzahl Vieh pro Landfläche erlaubt. Damit kommt es weder zu den – zum Teil riesigen – Gülleseen noch zu einem Überschuss an Mist wie aus der konventionellen Landwirtschaft bekannt. Treibhausgemüse sollte man zu Gunsten einer der Jahreszeit entsprechenden Kost im Laden liegen lassen. Das heißt:

„Bio-“ und „Öko-“ Waren bedeuten die geringste Nitratzufuhr.

III.I d) Aus der Konservierung – am besten einfrieren!

Die Haltbarkeit von Lebensmitteln zu verlängern, um sie nicht täglich neu beschaffen zu müssen, das wollten Menschen schon immer. Wichtig für die Anti-Krebs-Wirkung ist es, Schimmelpilze zu „vernichten“, damit sie keine krebsauslösenden Aflatoxine bilden können.

Den Mikroorganismen Wasser entziehen

Eine bekannte Methode, Schimmelpilze zumindest eine Zeitlang auszuschalten, ist das Kochen von Marmeladen und Konfitüren. Ein Zuckergehalt von 50 % am fertigen Produkt beschränkt sogar das Wachstum der hartnäckigsten Schimmelpilze. Sind die krebsvorbeugenden Inhaltsstoffe der jeweiligen Früchte hitzestabil, bleibt sogar die Anti-Krebs-Wirkung erhalten. Dies gilt zum Beispiel für Aprikosen.

Carotinoide in Aprikosenmarmelade sind hitzestabil

Konservierungsmethoden mit Krebsgefahr

Konservierungsverfahren, die früher aus Mangel an Kühlgeräten eingesetzt wurden, sollten – um die Krebsgefahr niedrig zu halten – heute nicht mehr oder zumindest so wenig wie möglich – eingesetzt werden. Dazu gehören: Salzen, Pökeln (ca. 95 % der deutschen Fleischwaren werden gepökelt) und räuchern.

Zu hoher Salzgehalt wird mit Magenkrebs in Verbindung gebracht. Man vermutet, dass reichlich Salzkonsum die Magenschleimhaut reizt. Dadurch wird das Säure- und Bakterienmilieu im Magen ungünstig beeinflusst und damit die Bildung krebserregender Nitrosamine begünstigt. Pökeln, besonders aber das Erhitzen gepökelter Produkte, lässt krebserregende Nitrosamine entstehen, beim Räuchern entsteht Benzpyren. Beide Methoden fördern offensichtlich die Entstehung von Magenkrebs. Generell enthalten gepökelte und geräucherte Fleisch- und Fischprodukte Stoffe, die im Körper zu krebserzeugenden Substanzen weiterreagieren können (Nitritpökelsalz) oder selbst krebserregend sind (Benzpyrene). Gepökelte Fleischwaren sollten keinesfalls stark gebraten oder gegrillt werden – um einer Nitrosaminbildung vorzubeugen. Trocknen ohne Verbrennung ist jedoch ungefährlich.

Konservieren durch Bestrahlung

Der Vorteil der Bestrahlung liegt darin, dass sie nur mit einer begrenzten Erwärmung verbunden ist. Auf diese Weise können sogar in gefrorenen Produkten gesundheitsgefährdende Mikroorganismen abgetötet werden, ohne dass es auftaut. Gegenwärtig werden weltweit etwa 200.000 t Lebensmittel pro Jahr bestrahlt, vor allem Gewürze. Die Wirkung besteht darin, dass Mutationen ausgelöst werden. Die dadurch entstehenden Schäden an der Erbsubstanz beeinträchtigen zahlreiche Zellfunktionen. Vor allem können sich die Mikroorganismen nicht mehr vermehren. Die gängige Meinung ist, dass die Bestrahlung von Lebensmitteln keine Gefahr für die Gesundheit darstellt. Dazu gibt es jedoch auch andere Meinungen. So weisen z. B. Christine Kretschmer und Alexander Herzog in ihrem Buch „Gesunde Ernährung bei Krebs" darauf hin , dass beim Bestrahlen nicht alle krankheitserregenden Mikroorganismen getötet werden und der Verderb nicht sichtbar ist und dennoch voran schreitet. „Die Kartoffel z. B. verliert beim Bestrahlen 40 % ihres Gehalts an Vitamin C."

Kühlen und Gefrieren ist die beste Konservierung

Bzgl. der Anti-Krebs-Wirkung ist die Erfindung des Kühlschranks eindeutig positiv zu beurteilen. Zum einen sind gekühlte Lebensmittel weniger durch Mikroorganismen belastet. Zum anderen werden dadurch häufiger frische und vitaminreiche Lebensmittel verzehrt. Viele traditionelle hauseigene Konservierungsmethoden wie Pökeln und Salzen sind überflüssig geworden. Alles miteinander Faktoren, die die Krebsentstehung seltener werden lassen.

Einfrieren ist die schonendste Konservierungsmethode überhaupt. Vitamine bleiben hier weitgehend erhalten. Bestimmte Eiweiß-Verbindungen, Eisen und Vitamine der B-Gruppe werden sogar in besser verwertbare Formen überführt. Nur feldfrisches Gemüse schneidet besser ab als Tiefgefrorenes. Und es gibt Öko-Gefrierprodukte in Naturkostläden, als Lieferservice in Supermärkten und in manchen Reformhäusern (Näheres hierzu s. „Essen ohne Risiko", Umschau-Verlag).

III.I e) Aus der Zubereitung – Grillen, Erhitzen und Verbrennen

Die Vermeidung von Zubereitungsfehlern ist für die Krebsvorsorge wichtig. Hier kann man sich Krebserreger ins Essen holen. So können krebserzeugende Benzpyrene aus Fett beim Braten und Grillen enstehen. Vor allem wenn das Fleisch stark gebräunt wird, ist der Benzpyrengehalt hoch. Besonders gefährlich ist das Grillen auf dem Holzkohlengrill oder das Räuchern mit Fichtenholz. Beim Grillen muss man darauf achten, dass kein Fett in der Glut verbrennt, denn gerade dabei werden Benzpyrene freigesetzt. Auch weitere Schadstoffe können bei der Zubereitung entstehen: Sogenannte Eiweiß-Pyrolyse-Produkte können durch besonders starkes und trockenes Erhitzen eiweißreicher Lebensmittel entstehen, wie z. B. beim Braten von Fleisch in der Backröhre.

Peroxide sind in ranzigen Fetten enthalten und können beim starken Erhitzen von Pflanzenfetten, die hochungesättigte Fettsäuren enthalten, gebildet werden. Generell sollte man für scharfes Anbraten besser Fette mit gesättigten Fettsäuren oder einfach ungesättigte Fette verwenden. Dazu gehören Butterschmalz, Palmkernfette und Olivenöl. Infolgedessen erhalten Sie in den Rezepten dieses Buches immer wieder den Hinweis auf diese Fette.

Ganz allgemein sollte mildes Erhitzen starker Erhitzung vorgezogen werden. Beim Dünsten von Gemüse gehen weniger Vitamine verloren als beim Kochen oder Braten. Dasselbe gilt auch für Kartoffeln. Pellkartoffeln sind günstiger als Bratkartoffeln.

III.1f) Die verflixten „E“ – Zusatzstoffe und Co.

Wenn man die Risikofaktoren betrachtet, die für das Auftreten von Krebs verantwortlich sind, dann stehen Zusatzstoffe nicht an erster Stelle. Aber wie bereits eingangs erwähnt: Es gibt Leute, die sich gesund ernähren, nicht rauchen und kaum Alkohol trinken. Für die bleibt eben auch dieses Restrisiko, das man in erster Linie durch den Kauf von Bioprodukten minimieren kann.

Zusatzstoffe sind nach Definition im Lebensmittel- und Bedarfsgegenständegesetz „Stoffe, die dazu bestimmt sind, Lebensmitteln zur Beeinflussung ihrer Beschaffenheit oder zur Erzielung bestimmter Eigenschaften oder Wirkungen zugesetzt zu werden.“ Welche zugesetzt werden und was so alles erlaubt ist, finden Sie in meinem Buch „Essen ohne Risiko“, erschienen beim Umschau-Verlag Frankfurt. Hier beschränke ich mich auf das, was zur Krebsvorsorge wichtig ist.

Sind Zusatzstoffe krebserregend?

Diese Frage kann man wie so viele mit einem deutlichen „Jein“ beantworten. Eigentlich müssen alle Zusatzstoffe auf ihre krebserzeugende Wirkung mittels Tierversuche getestet sein. Die zulässige Höchstmenge eines Zusatzstoffes orientiert sich am so genannten ADI-Wert (= Acceptable Daily Intake), also der akzeptablen täglichen Aufnahme. Dieser Wert wird anhand von gesundheitsschädlichen Wirkungen bei Tieren festgelegt. Er soll bestätigen, dass der Genuss eines Stoffes bei lebenslanger täglicher Aufnahme auch bei empfindlichen Personen keine Gefährdung der Gesundheit darstellt.

In der Regel liegt der ADI-Wert mindestens um das zehn- bis hundertfache unterhalb der Dosis, die bei den Untersuchungen an empfindlichen Versuchstieren auch bei langfristiger täglicher Verabreichung keine nachweisbaren Schäden hervorruft.

Relativ sicher, meinen Sie? Dazu gibt es auch andere Meinungen, und Einiges verursacht Nachdenklichkeit:

- Einige Länder der EU sehen manchen Stoff nicht als so kritisch an. So wurde Propionsäure – ein künstlich hergestellter Konservierungsstoff – 1988 bei uns verboten, da er bei Ratten krebsähnliche Veränderungen des Vormagens verursacht. 1996 wurde die Säure EU-weit wieder zugelassen. Die Verbraucherzentrale meint dazu: „Vom häufigen Verzehr ist abzuraten“.
- Oftmals werden gesundheitsschädliche Wirkungen erst viele Jahre nach ihrem ersten Auftreten bekannt und viel später wird ein entsprechendes Gesetz erlassen. Das bekannteste Beispiel ist Asbest. Mehr als 60 Jahre, nach-

dem ein Arzt öffentlich auf die Gesundheitsgefahren hingewiesen hat, wurde in Deutschland ein Gesetz dagegen verabschiedet.

Trotz EU-Zulassung rät die Verbraucherzentrale von einigen Zusatzstoffen generell ab, da sie die Gesundheit beeinträchtigen können. (Mehr dazu s. „Essen ohne Risiko", Umschau-Verlag). Dabei ist z. B. von Thiabendazol (E 233) – einem künstlichen Konservierungsstoff zur Schalenbehandlung von Zitrusfrüchten (z. B. Orangen und Zitronen) bekannt, dass es zusammen mit Natrium-Orthophenylphenolat (E 232) bei Ratten Blasenkrebs hervorruft. Da Thiabendazol auch als Spritzmittel eingesetzt wird, darf die Substanz teilweise sogar in größeren Mengen auf unserem Obst und Gemüse vorhanden sein. Als Zusatzstoff ist es inzwischen nicht mehr deklarationspflichtig. Auch Orthophenylphenol (E 231), das zur Konservierung von Zitrusfrüchten erlaubt ist, ruft bei Ratten Blasenkrebs hervor.

Bioprodukte dürfen nur 36 statt 305 Zusatzstoffe enthalten
Für Ökolebensmittel werden nur sehr wenige Zusatzstoffe – nur 36 an der Zahl – verwendet. Sie sind entweder unbedenklich oder nur für Allergiker oder spezielle Bevölkerungsgruppen problematisch. Das bedeutet:
Diese Zusatzstoffe sind am unbedenklichsten!

III.1g) Weitere Gefährdungspotentiale: Gentechnik, Medikamente und Acrylamid

Was ist Gentechnologie?

Im Fachjargon versteht man unter Gentechnik „die gezielte Neuprogrammierung von lebenden Zellen zur optimalen Produktgewinnung". Das heißt: hier verändert man gezielt die Erbsubstanz. Damit ist die Gentechnologie ein Teilbereich der Biotechnologie, ein spezieller biologischer Prozess wird durch Veränderung der Gensubstanz optimiert, indem man die erforderliche genetische Information direkt programmiert.

Es würde den Rahmen sprengen, hier die Methoden der Gentechnik zu schildern, die Vor- und Nachteile zu erläutern. Risiken der Gentechnik, die ausschließlich mit dem Krebsgeschehen zu tun haben, wären z. B.:

1. Es werden nahezu ständig Pflanzen gentechnisch hergestellt, die gegen ein oder mehrere Pestizide resistent, also unempfindlich sind. Das heißt: Von diesem Mittel kann man ausbringen, soviel man will. Die jeweilige Kulturpflanze leidet nicht darunter, während sämtliche Konkurrenzpflanzen ausgeschaltet wer-

den. Vielleicht beruhigt es Sie, dass es eine Höchstmengenverordnung für jedes Pestizid gibt. Wenn nicht: Im ökologischen Anbau dürfen derartige Pestizide nicht verwendet werden und dort ist Gentechnik generell unzulässig.

2. Ob eine Verlängerung der Haltbarkeit, wie von der Anti-Matschtomate bekannt, gesundheitsfreundlich ist und die Vitamine erhalten bleiben, darf bezweifelt werden.

Es mag durchaus sein, dass gentechnische Verfahren sogar für die Lebensmittelproduktion Vorteile bringen. Solange jedoch nicht gewährleistet ist, dass Firmen davon abgehalten werden, aus purem Gewinnstreben mit der Gesundheit der Verbraucher zu „spielen", ist zu überlegen, ob man Gentechnik in Lebensmitteln haben will oder nicht. Vorsichtige können sie ausschließen, indem sie Bioprodukte kaufen – diese Lebensmittel dürfen nicht damit in Berührung kommen.

Krebs durch Medikamente?

Bestimmte Medikamente können die Entstehung von unterschiedlichen Krebsarten fördern. So ist zum Beispiel von Abführmitteln, die Phenolphthalein, Bisacodyl oder anthrachinonhaltige Pflanzenextrakte (Faulbaumrinde, Sennesblätter, Aloe, Rhabarber) enthalten, bekannt, dass sie Harnwegstumore bei Frauen bei chronischem Gebrauch fördern. Das bedeutet für Sie nicht nur zur Krebsverhütung: den Gebrauch von Medikamenten mit dem Arzt abstimmen – Selbstmedikation kann unbekannte Gefahren bergen.

Auch das noch: ein neuer Krebserreger in Lebensmitteln!

Nahezu zeitgleich mit Nitrofen tauchte im Frühjahr 2002 ein neuer Schadstoff auf: Acrylamid. Die schwedische Gesundheitsbehörde hatte viel davon in frittierten, gebratenen, gerösteten und gebackenen Produkten gefunden und befürchtet, dass damit ein Krebsrisiko für den Menschen verbunden ist. Bislang weiß man nicht viel darüber.

„Es wurde beobachtet, dass vor allem in Produkten, bei denen durch die Temperaturbelastung der Wassergehalt weitestgehend reduziert worden ist, besonders hohe Acrylamidgehalte entstehen können. In Gemüse, Obst und Fleisch sowie in gekochten oder gedünsteten Lebensmitteln wurde Acrylamid dagegen nicht nachgewiesen", so das BGVV (Bundesinstitut für gesundheitlichen Verbraucherschutz). Die Lösung des Problems wird noch einige Zeit beanspruchen.

Nun, was bedeutet das für Sie?

Ganz offensichtlich tauchen immer wieder neue Schadstoffe auf, die Ihre Gesundheit bedrohen. Sie können diese Krebserreger nie vollständig umgehen.

Deshalb ist es besonders wichtig, dass Sie Lebensmittel essen, die Inhaltsstoffe enthalten, die Krebserreger unschädlich machen, reduzieren oder sogar den ausgelösten Krebs bekämpfen können. Reichlich davon finden Sie in den beigefügten Rezepten. Die krebsvorbeugenden Substanzen lernen Sie im Teil IV des Buches kennen.

III.2 Bereits beim Einkauf: Schadstoffe im Laden zurücklassen

Im Rahmen der vorangegangenen Kapitel über mögliche Schadstoffe, die Krebs hervorrufen können, wurde immer wieder auf Öko- oder Bio-Lebensmittel bzw. Produkte aus dem sogenannten „ökologischen Anbau" Bezug genommen. Aber was versteht man denn nun genau unter diesen Begriffen? Kann man auch sicher sein, dass die zugehörigen Vorschriften eingehalten werden?

III.2.1 Die ökologische Landwirtschaft – eine majestätische Anbauform

Prinz Charles „steht" auf ökologische Landwirtschaft. Auf seinen Gütern geht man auf „Nummer sicher" und vermeidet mit dieser Anbauform auch viele krebserregende Stoffe. Auch „Madonna" lässt „Biokost" kaufen.

Die wichtigsten Regeln des ökologischen Landbaus

Bezüglich der Krebsvorsorge sind folgende Regeln des ökologischen Landbaus wichtig:

- **Artgerechte Tierhaltung**, mit Weidehaltung und Grünfutter. Untersuchungen an der Universität Rostock zeigten, dass Rinder, die auf der Weide stehen und viel Grünfutter fressen, einen höheren Anteil an Omega-3-Fettsäuren haben, als Tiere, die im Stall stehen und mit sog. Kraftfutter und Getreide gemästet werden. Grünfutter sowie Weidegang wird von den meisten Ökoverbänden vorgeschrieben.
- Die **Anzahl von Weidetieren** wird gemäß der vorhandenen Weidefläche **begrenzt**. Dadurch wird ein Überschuss an Nitrat in Gemüse und anderen pflanzlichen Produkten vermieden.
- **Ausschluss der Gentechnik** bei Produktion und Verarbeitung.
- Möglichst regionale Vermarktung verbrauchernah erzeugter Lebensmittel.
- Weitgehende Vermeidung von importierten Futtermitteln aus der Dritten Welt. Damit vermeidet man bei uns schon längst verbotene, krebserregende Futterinhaltsstoffe.

- **Verbot von Kunstdünger, chemisch-synthetischen Schädlingsbekämpfungsmitteln (Pestiziden)**, Lagerschutz- und Nachreifemitteln, Hormonen sowie Wuchsstoffen, Antibiotika als Futterzusatz etc.
- **Verbot der Lebensmittelbestrahlung** mit ionisierenden Strahlen zur Haltbarmachung.

Diese Bedingungen gelten für alle „Biobetriebe", die einem der Bioverbände angehören.

Für die Einhaltung der Regeln sorgen die jeweiligen Anbauverbände, die mit ihrem speziellen Kennzeichen, Siegel oder Logo (siehe Abbildung) auf ihren Produkten die Einhaltung dieser Regeln demonstrieren. Diese Verbände heißen: Demeter, ANOG, Bioland, Biokreis Ostbayern e. V., Naturland, Ökosiegel, Gäa, Biopark und Ecovin. Ein Verstoß gegen die jeweiligen Regeln hat eine Geldstrafe und bei Wiederholung Verbandsausschluss zur Folge.

Die Verbandszeichen der ökologisch wirtschaftenden Betriebe

III.2.2 „Bio", „Öko" und das Gesetz

„Bio" und „Öko" sind gesetzlich geschützte Begriffe

Seit 1991 regeln Gesetze der europäischen Union die Bezeichnung „ökologischer Landbau", seit 1999 auch für tierische Produkte. Seitdem gelten europaweit einheitliche Regelungen für die Erzeugung, Verarbeitung, Kennzeichnung und Kontrolle von Produkten des ökologischen Landbaus. Das bedeutet für Sie, dass Sie den Begriffen „Öko"- und „Bio" auf den Lebensmitteln wirklich vertrauen können. Verstößt ein Erzeuger gegen die Vorschriften, kann er wegen Verbrauchertäuschung strafrechtlich belangt werden.

Seit Mitte 2001 gibt es ein bundeseinheitliches Zeichen für Produkte aus dem ökologischen Anbau nach EU-Richtlinien. Es erleichtert allen Verbrauchern, Bioprodukte von konventionellen zu unterscheiden.

Leider ist nur bei den Ökoverbänden eine Gesamtumstellung des Betriebes vorgeschrieben. Dieses Manko war möglicherweise einer der Gründe für den Nitrofenskandal und sollte auf Dauer korrigiert werden. Das heißt für Sie: Ein Blick auf das Verbandszeichen hilft, um sicher zu gehen, dass das Produkt von einem Hof stammt, der komplett „Bio" ist. Dennoch muss auch ein EU-Biobetrieb, der nicht komplett umgestellt hat, sicherstellen, dass Bio und konventionell nicht verwechselt wird. Dies geschieht z. B. dadurch, dass eine Getreidesorte komplett Bio ist und eine andere eben nicht.

Wenn Sie mehr über die echten Bioprodukte wissen wollen, wenn es Sie interessiert, wie die Kontrolle funktioniert, wie zuverlässig ausländische Bioprodukte sind, ob Biokost aus dem Supermarkt billiger, aber genauso echt ist und wie die entsprechenden Erkennungszeichen dafür sind, welche Schadstoffe Sie sich damit ersparen, wie und wo Sie Ökolebensmittel preisgünstig einkaufen können, dann beantwortet Ihnen der Einkaufsführer „Essen ohne Risiko", erschienen beim Umschau-Verlag 2002, alle Ihre Fragen.

III.3. Functional Food zur Krebsvorsorge?

Functional Food (Funktionelle Lebensmittel), d. h. Lebensmittel, die zusätzlichen Nutzen für die Gesundheit versprechen, sind der neueste Trend auf dem Markt. Mit ihrer Hilfe sollen VerbraucherInnen gesünder essen – und damit auch Krebs vermeiden. Diese Art der Nahrungsergänzung zielt darauf ab, ernährungsabhängigen Krankheiten vorzubeugen und die körperliche und geistige Leistungsfähigkeit zu erhalten. Sie stellen damit eine Mischung zwischen Lebens- und Arzneimittel dar.

„Der wissenschaftliche Nachweis des Nutzens dieser Produkte steht allerdings in den meisten Fällen noch aus", so Dr. Bärbel Hüsing, Biologin am Fraunhofer-Institut für Systemtechnik und Innovationsforschung in Karlsruhe. Es ist schlichtweg noch nicht endgültig geklärt, ob diese Lebensmittel wirklich dem

Menschen nutzen, der sie verzehrt. Für viele der angereicherten Lebensmittel lässt sich derzeit weder ein Nutzen garantieren noch ein Schaden ausschließen.

Was gehört nun zum „Functional Food"?

Pro- und präbiotische Milchprodukte, mit Omega-3-Fettsäuren angereicherte Eier, Backwaren, Margarine oder Nudeln, präbiotische Müslis, Wurstwaren mit probiotischen Kulturen, Getränke, die mit ACE-Vitaminen, Ballaststoffen, Pflanzenextrakten oder Omega-3-Fettsäuren angereichert sind, mit Selen angereicherte Backwaren, Multivitamintabletten und, und, und ... – viele dieser Produkte sind mit angeblichen Anti-Krebs-Wirkstoffen angereichert. Die Forschung bzgl. der krebsvorbeugenden Wirkung läuft jedoch noch, das heißt: Man weiß es einfach noch nicht, ob sie Krebs vorbeugen können oder auch nicht. Auch die Gentechnik wird beteiligt: Man will Pflanzen entwickeln, die erhöhte Gehalte an Antioxidantien enthalten.

Gemeinsam ist allen, dass bei ihnen nicht mit den Eigenschaften der Vorbeugung, Behandlung oder Heilung einer menschlichen Erkrankung geworben werden darf, auch dann nicht, wenn die vorbeugende oder heilende Wirkung belegt ist.

Warum sind „funktionelle Lebensmittel" problematisch?

Das Problem ist, dass der Laie wirkungslose Produkte zu hohen Preisen kauft, und vielleicht gar nicht zu den gesundheitsbringenden greift. Einig sind sich die WissenschaftlerInnen mit den VerbrauchervertreterInnen, dass viele der gesundheitlichen Wirkungen, die bestimmten Functional Food zugeschrieben werden, nicht hinreichend abgesichert sind. Aber auch die **Nebenwirkungen** sind nicht genug untersucht. Wechselwirkungen der verschiedenen Substanzen oder ein Zuviel an einer – möglicherweise sonst heilbringenden Substanz – sind nicht genau genug untersucht. Wird die jeweilige Substanz in Konzentrationen verzehrt, die in normalen Lebensmitteln nicht vorkommt, so können die Effekte komplex und widersprüchlich sein. So untersuchte man, ob ein höherer ß-Carotin-Wert ein geringeres Krebsrisiko bei RaucherInnen zur Folge hat. Jedoch bei einer Kontrolluntersuchung, in deren Rahmen Rauchern hohe ß-Carotin-Mengen verabreicht wurden, zeigte sich der gegenteilige Effekt: die Lungenkrebsrate war höher. Man vermutet, dass durch eine einseitige Zufuhr von Vitaminen oder Mineralien die Aufnahme anderer wichtiger Substanzen behindert wird. Außerdem fehlen in den Tabletten diejenigen Begleitstoffe (bioaktive Substanzen), die bei einer gesunden Nahrung mit viel Obst und Gemüse ganz natürlich mitenthalten sind.

Auch ob das Ernährungsverhalten allgemein durch das Konsumieren dieser Lebensmittel beeinträchtigt wird, weiß man nicht. Bisher ist Functional Food frei verkäuflich und es stellt sich die Frage, ob man sich als Versuchskaninchen fühlen muss. Tatsache ist, dass die „in Deutschland auf dem Markt befindlichen Produkte kaum nachweislich positive Wirkungen auf die gesundheitspolitisch bedeutendsten Krankheiten haben", so Dr. Bärbel Hüsing.

Auch ohne „Functional Food" kann man Krebs vorbeugen

So viele Fragen und ungelöste Probleme es gibt, eines ist sicher: man kann sich auch ohne Functional Food krebsvorbeugend ernähren. Man muss nur bereit sein, die Tipps dieses Buches umzusetzen.

Dass einzelne isolierte Wirkstoffe keine krebsvorbeugende Wirkung haben, lässt sich so erklären: die Wirkstoffe in normalen Lebensmitteln – also in diesem Falle die enthaltenen Vitamine oder Mineralstoffe etc. – wirken miteinander oder in Kombination mit anderen Inhaltsstoffen. Entweder sie ergänzen sich in ihrer Wirkung oder verstärken sich gegenseitig darin. Vermutlich sind es sekundäre Pflanzenstoffe, die mit den Vitaminen und Mineralstoffen gemeinsam die Wirkung hervorrufen. Der Effekt, dass bei einer Ernährung mit viel Obst und Gemüse die Krebsrate geringer ist als bei hohem Fleisch- und Fettverzehr, wird auf die Gesamtmenge an pflanzlichen Wirkstoffen und nicht auf einzelne Substanzen zurückgeführt. Gerade die Mischung verschiedener Stoffe scheint bedeutsam zu sein. Jedenfalls halten seriöse WissenschaftlerInnen Obst und Gemüse incl. Salat für wesentlich gesundheitsfördernder als den Konsum isolierter Wirkstoffe, deren genaue Wirkungsweise noch nicht bekannt ist.

Die sogenannten Antioxidantien zum Beispiel, die reaktive oder fast aggressiv zu nennende Sauerstoffverbindungen entgiften können, wirken als Nahrungsmittel aufgenommen nur positiv. Werden sie jedoch als Nahrungsergänzung in medizinisch wirksamen Dosen aufgenommen, können sie beide Funktionen bekommen: schützende und krebsfördernde. Zur Krebsvorsorge können sie daher nach derzeitigem Wissensstand nicht dienen.

Um es zusammenzufassen:

Nahrungsergänzungsmittel wie Vitamintabletten, Multivitaminsäfte, Mineralstofftabletten etc. sind für diejenigen, die sich nach den hier genannten Empfehlungen verhalten, als Ergänzung der Nahrung in aller Regel nicht notwendig – außer der Arzt verordnet sie – und nach Meinung des DIFE (Deutsches Institut für Ernährungswissenschaften, Potsdam) „für die Senkung des Krebsrisikos auch nicht nutzbringend, möglicherweise sogar schädlich".

Tomatenmark enthält viel Lykopin

Wer zum Beispiel viel Lykopin – ein krebsvorbeugender sekundärer Wirkstoff (s. Teil IV) – essen will, der kann zu Tomatenmark greifen, dort findet man es konzentriert. Alle sekundären Pflanzenstoffe lassen sich problemlos mit reichlich (vor allem auch rohem) Gemüse und Obst aufnehmen, Medikamente oder Nahrungsergänzung sind dafür nicht erforderlich. Ungesunde Ernährung kann man jedenfalls definitiv nicht durch Tabletten ausgleichen.

Sekundäre Pflanzenstoffe, die wir im folgenden Teil behandeln, sind dafür bekannt, dass sie die antioxidative Wirkung der Vitamine A, C, E um ein Vielfaches übertreffen und steigern können. Daraus lässt sich folgender Schluss ziehen:

Natürliche Lebensmittel sind nicht nur sicherer, sondern auch viel wirkungsvoller!

IV. Inhaltsstoffe mit Anti-Krebs-Effekt in Lebensmitteln

IV.I Wirkstoffe

Sie haben in den vorausgehenden Kapiteln zahlreiche Schadstoffe kennengelernt, die Krebs auslösen. Sie haben dabei auch erfahren, dass Sie vielen krebsauslösenden Substanzen aus dem Weg gehen können, vielen anderen jedoch nicht. Das ist aber kein Grund zum Verzweifeln, denn durch gezielte Lebensmittelauswahl kann man das Wirken dieser krankheitsauslösenden Substanzen einschränken, zum Teil sogar ganz verhindern. Welche Substanzen das sind und wie sie wirken, erfahren Sie in den folgenden Kapiteln.

IV.1.1 Bioaktive Substanzen

Unter bioaktiven Substanzen versteht man Nahrungsinhaltsstoffe ohne Nährstoffcharakter (also weder Fett, Eiweiß, Kohlenhydrate, Vitamine, Mineralstoffe noch Spurenelemente) – im Fachausdruck nicht-nutritiv genannt. Im allgemeinen werden darunter Ballaststoffe, sekundäre Pflanzenstoffe sowie Substanzen in fermentierten, d. h. milchsauer vergorenen Lebensmitteln (Joghurt, Käse, Sauerkraut ...) verstanden. Man vermutet sogar, dass einige ernährungsabhängige Krankheiten teilweise die Folge einer unzureichenden Versorgung mit bioaktiven Substanzen sind, hervorgerufen durch die zunehmende industrielle Verarbeitung von Lebensmitteln.

Diese bioaktiven Wirkstoffe findet man nur in Pflanzen. Sie haben eine gesundheitsfördernde Wirkung bzw. senken das Erkrankungsrisiko für Zivilisationskrankheiten wie z. B. Krebs. In der Nahrung wirken sie im Vergleich mit reinen Arzneimitteln nur schwach, jedoch führt eine kontinuierliche Zufuhr zu einem positiven Einfluss auf die Gesundheit, ohne unerwünschte Nebenwirkungen.

IV.1.2 Sekundäre Pflanzenstoffe

Sekundären Pflanzenstoffen trauen Forscher zu, bestimmte Krebsarten erst gar nicht entstehen zu lassen. Die Definition des Begriffes ist nicht einheitlich. Im Allgemeinen handelt sich um eine Fülle chemisch sehr unterschiedlicher Verbindungen, die nur mit sehr geringen Konzentrationen (maximal bis zu einigen Gewichtsprozenten aller Inhaltsstoffe, den Wassergehalt bereits abgezogen) in Pflanzen vorkommen, beim Menschen eine medizinische Wirkung ausüben und Bestandteil zahlreicher Arzneimittel sind.

Die Pflanze benötigt sie nicht unbedingt zum Überleben, und wenn wir sie nicht zu uns nehmen, führt dies auch nicht zu akuten Mangelerscheinungen. Wenn man sie aber nicht zu sich nimmt, erhöht sich nach gängiger wissenschaftlicher Meinung langfristig das Risiko, bestimmte Krebsformen zu entwickeln.

Personen, die sich vollwertig ernähren, nehmen automatisch viele dieser gesundheitsfördernden Substanzen auf. Man geht davon aus, dass man mit einer gemischten Kost ca. 1,5 g pro Tag davon zu sich nimmt. Nicht viel meinen Sie? Auch Hormone wirken in sehr geringen Konzentrationen.

Die Wissenschaft untersucht nun schon seit einigen Jahren, welche Stoffe es sind, die positive Wirkungen nicht nur in punkto Krebsvorbeugung haben und z. T. auch die Heilung unterstützen. Es gibt mehr als 30.000 verschiedene Sekundäre Pflanzenstoffe, etwa 40 % davon sind erst bekannt. Aus Weißkohl kennt man z. B. mindestens 49 verschiedene. Über ihr Zusammenspiel ist noch fast gar nichts bekannt.

Sekundäre Pflanzenstoffe werden von der Pflanze gebildet, um die unterschiedlichsten für sie nützlichen Funktionen zu erfüllen, z. B.: Abwehr von Schädlingen und Krankheiten. So schützen z. B. Bitterstoffe davor, gefressen zu werden, Wachstumsregulation, Farbgebung, Anregung, um Tiere (in diesem Falle auch Menschen) dazu zu bringen, Früchte zu essen und damit die enthaltenen Samen zu verbreiten. Sie beeinflussen als Duft- und Geschmacksstoffe die Nahrungsauswahl von Mensch und Tier.

Sie kennen die Wirkung einiger dieser Stoffe – ohne dass Sie wussten, dass sie auf Sekundäre Pflanzenstoffe zurückzuführen sind. So wissen Sie von der schützenden Wirkung von Knoblauch vor Herz-Kreislauf-Erkrankungen, von der anregenden von Kaffee oder der stopfenden von Kakao.

Nicht alle diese Stoffe sind gesundheitsfreundlich, denn schließlich will sich die Pflanze mit diesen Substanzen auch schützen, z. B. gegen Insektenfraß. Wir haben jedoch gelernt, mit den negativen Wirkungen der Substanzen umzugehen. So schmecken einige gesundheitsschädliche sekundäre Pflanzenstoffe bitter, andere werden beim Kochen zerstört oder durch hilfreiche Bakterien (nicht alle Bakterien sind Krankheitserreger!) in harmlose Varianten überführt.

Aus der wissenschaftlichen Literatur geht eindeutig hervor, dass diese Pflanzenstoffe als natürlicher Bestandteil unserer Nahrung im Rahmen einer gemischten Kost kein gesundheitliches Risiko darstellen. Giftige Pflanzen sind in der Regel bekannt und werden nicht zum Verzehr angeboten. Dagegen haben die sekundären Pflanzenstoffe in Zwiebelgewächsen, allen Kohlarten, Tomaten, Weizen, Aprikosen etc. eine ganz besondere Schutzwirkung vor Krebs.

Wie können die sekundären Pflanzenstoffe Krebs verhindern?

Sie werden sich fragen, welche Möglichkeiten sekundäre Pflanzenstoffe überhaupt haben, um Krebs zu verhindern. Es ist erstaunlich, aber man kennt bereits einige Wirkungsweisen und wird mit Sicherheit noch weitere entdecken. Folgende Wirkungen sind bekannt:

- Sie lagern sich an die Stelle der **DNS** (die Erbsubstanz – s. Anhang/Lexikon) **im Zellkern an**, die sonst Karzinogene besetzen würden. Das können Carotinoide, Polyphenole und Flavonoide. Hierdurch schützen sie die DNS vor negativen Veränderungen und greifen somit in die Initiationphase, die erste Stufe der Krebsentstehung, ein.

- Sie verhindern, dass sich inaktive Vorstufen krebserregender Stoffe (Prokarzinogene) in die aktive Form (Karzinogene) umwandeln. Einige der auslösenden Substanzen wie Schimmelpilzgifte, PAKs (polyzyklische aromatische Kohlenwasserstoffe, s. Kapitel III.1 b „Schadstoffe aus der Umwelt") und Nitrosamine liegen in der Nahrung in dieser Form vor. Sie werden erst im Körper mit Hilfe von Enzymen (s. Anhang/Lexikon) in wirksame Krebsauslöser umgewandelt. Verschiedene sekundäre Pflanzenstoffe können genau diese Enzyme hemmen, so dass weniger krebserregende Verbindungen gebildet werden. Diese Wirkung wurde unter anderem für Phenolsäuren, Glucosinolate und Sulfide nachgewiesen.
- Wie Sie dies auch von den beiden Vitaminen C und E lesen werden, **verhindern** bestimmte sekundäre Pflanzenstoffe **die Bildung von krebserregenden Nitrosaminen** (siehe Kapitel III.1 c: „Nitrat, Nitrit, Nitrosamine ..."). Dies wiederum können z. B. die Phenolsäuren.
- Eine weitere Möglichkeit besteht darin, dass sie mit bestimmten krebserregenden Stoffen reagieren und **biologisch inaktive Produkte bilden**, die keinen Beitrag mehr zur Krebsentstehung liefern können. Sekundäre Pflanzenstoffe wie Glucosinolate, Monoterpene, Sulfide und Polyphenole können anregen, dass Enzyme bereits aktivierte Karzinogene wieder inaktivieren und der Körper diese ausscheidet.
- Andere sekundäre Pflanzenstoffe **binden bereits aktivierte Karzinogene** und schalten sie auf diese Weise aus. So wirken die Phenolsäuren Ellagsäure, Ferulasäure und Kaffeesäure, die z. B. mit krebserregenden Kohlenwasserstoffen (PAK) reagieren.
- Einen wichtigen Beitrag zur Krebsvorbeugung können sekundäre Pflanzenstoffe leisten, indem sie in der Funktion als sog. **„Antioxidantien"** (s. Anhang/Lexikon) reaktionsfreudige und in diesem Fall gefährliche „freie Radikale" (s. Anhang/Lexikon) abfangen. Carotinoide binden freie Radikale und werden deshalb als „Radikalfänger" bezeichnet. Auch die Vitamine E und C, Flavonoide, Phyto-Östrogene, Protease-Inhibitoren und Sulfide sowie Phenolsäuren (insbesondere die Gerbsäuren) sind Antioxidantien. Dazu gehört auch das „Curcumin" als Bestandteil von Gelbwurz, das wiederum Bestandteil von Curry-Mischungen ist und in geringen Konzentrationen wirkt. Generell wurde beobachtet, dass es ein hohes Gesundheitsrisiko bedeutet, wenn man nur geringe Konzentrationen von Antioxidantien im Körper hat. Nicht nur die Krebsgefahr ist dadurch höher. Zusätzlich sind sekundäre Pflanzenstoffe dafür bekannt, dass sie die antioxidative Wirkung der Vitamine A, C und E um ein Vielfaches übertreffen bzw. steigern können.

- Wie bereits geschildert, funktioniert in einer Krebsgeschwulst der Informationfluss zwischen den Krebszellen mit dem umgebenden Gewebe nicht mehr, und die Krebszellen wachsen ungehemmt weiter. Carotinoide und andere sekundäre Pflanzenstoffe können den **Informationsfluss zwischen den Zellen fördern.**
- Auch weiß man von einigen sekundären Pflanzenstoffen, wie z. B. dem Allicin aus Knoblauch, dass sie **für den Menschen schädliche Bakterien töten** können. Indem sie diese Funktion im Magen ausüben, wirken sie einer Nitrosaminentstehung entgegen. Diese Wirkungsweise nennt man „antimikrobiell".
- Auch durch **Beeinflussung des Immunsystems (immunologische Wirkung)** können bestimmte sekundäre Pflanzenstoffe wie die Carotinoide, Sulfide oder Saponine ihre Anti-Krebswirkung erfüllen. Sie können das Immunsystem schützen und stärken. Sie fördern z. B. die Bildung von Signalstoffen (Zytokine), die an der Zerstörung von Tumorzellen beteiligt sind. Auch die Anzahl und Aktivität von Makrophagen (Fresszellen, Zellen des Immunsystems, die für die Erkennung und Beseitigung von körperfremden Stoffen zuständig sind) können sie erhöhen. Vor allem von Carotinoiden, aber auch von Flavonoiden, Saponinen und Sulfiden sind solche immunologischen Wirkungen bekannt.
- Dann gibt es noch die Möglichkeit, das Tumorwachstum hormonell über die sogenannten **Phyto-Östrogene** zu hemmen. Diese Wirkung ist z. B. von den Isoflavonoiden Genistin und Daidzin bekannt. Auch wenn diese Verbindungen außerhalb des Körpers inaktiv sind, können sie im Körper zu hormonell aktiven Substanzen umgewandelt werden und den negativen Einfluss von körpereigenen Östrogenen vermindern. Dies dadurch, dass sie weit weniger aktiv sind als die körpereigenen Hormone und das Wachstum von Krebszellen nicht so beschleunigen wie diese. Auch Lignane und Indole können das hormonabhängige Tumorwachstum beeinflussen.
- Sogar das Wachstum eines aktiven Tumors kann gehemmt werden. Zu diesen „Künstlern" gehören die Phytosterine. Sie verlangsamen die Vermehrung der Tumorzellen. Infolgedessen haben die körpereigenen Reparaturmechanismen mehr Zeit, einen Schaden an der Erbsubstanz zu beseitigen. Auch Saponine **hemmen die Wachtumsrate von Tumorzellen** im Dickdarm.
- Phenolsäuren, Phytosterine, Sulfide, Phyto-Östrogene und Saponine **beeinflussen den Cholesterinspiegel**. Entweder wird weniger Cholesterin aus dem Darminhalt aufgenommen oder die Folgeprodukte (primäre Gallensäuren) gebunden, bzw. ihre bakterielle Umwandlung in die krebsverdächtigen sekundären Gallensäuren verhindert. Auch schwarzem Tee sagt man dies nach.

Sekundäre Pflanzenstoffe mit Anti-Krebswirkung

Die bekannten sekundären Wirkstoffe, die krebsvorbeugend wirken, werden im folgenden kurz vorgestellt. Für Sie ist vor allem wichtig, in welchen Lebensmitteln sie zu finden sind und ob sie roh oder gekocht wirksam sind.

Carotinoide

Sie erkennen Carotinoide an der gelben oder roten bzw. grünen und sogar weißen (Spargel) Farbe von Obst und Gemüse. Generell handelt es sich um Farbstoffe, die in Pflanzen sehr weit verbreitet sind.

Untersuchungen ergaben, dass die Häufigkeit von Tumoren, insbesondere von Lungenkrebs umso geringer ist, je mehr Carotinoide man zu sich nimmt. Auch bei Gebärmutterhals- und Speiseröhrenkrebs sowie Tumoren des Magen-Darm-Trakts und des Hals-Nasen-Rachenraums ist dieser Zusammenhang deutlich. Der Gehalt an den verschiedenen Carotinoiden im Blut bzw. im Körper hängt von der jeweiligen Ernährung ab.

Grundsätzlich gibt es zwei verschiedene Arten von Carotinoiden, die sich durch ihre Hitzebeständigkeit unterscheiden: **sauerstoffhaltige** Carotinoide oder im Fachausdruck **„Xanthophylle"** – kommen vor allem in **grün**blättrigem Gemüse vor und sind hitzeempfindlich. Bei ihnen wird sogar zum Teil von stärkerer Anti-Krebs-Wirkung berichtet, als bei der zweiten Gruppe, den **sauerstofffreien** Carotinoiden. Sie sind vor allem **in gelb-orange-farbenem Gemüse** enthalten, sind relativ **hitzestabil** und nur etwa 10 % davon verändern sich durch das Erhitzen.

Zu diesen gehört das ß-Carotin. Man kennt es auch unter der Bezeichnung „Provitamin-A". Aus ihm entsteht im Körper das bekannte und lebensnotwendige Vitamin A (das gilt in geringerem Ausmaß auch für das ebenfalls sauerstofffreie Carotinoid-Carotin sowie das sauerstoffhaltigen Carotinoid ß-Cryptoxanthin). Zahlreiche Studien beweisen den Zusammenhang zwischen einer hohen ß-Carotin-Zufuhr und einem geringen Krebsrisiko. Aber es ist nicht nur hitzestabil, es scheint, dass es sogar in gekochter Form mehr vor Krebs schützt als roh. Das haben zumindest britische Wissenschaftler festgestellt, als sie gekochtes Möhren- und Brokkoligemüse sowie Spinat und Tomaten untersuchten: „Kochen weicht die Zellwände des Gemüses auf", erklärt Sue Southon vom Institut für Lebensmittelforschung in Norwich/England im Fachblatt „New Scientist". Dadurch kann der Körper die enthaltenen Carotinoide leichter verwerten. Demnach kann, wer Möhren und das andere Gemüse roh isst, nur 3–4 % der Carotinoide verwerten. Bei gekochtem und püriertem Gemüse verfünffacht sich diese Menge.

Von diesen Ergebnissen abgesehen, findet man darüber, ob gekochtes oder rohes Gemüse besser vor Krebs schützt, widersprüchliche Angaben. In den Rezepten wird dies dadurch berücksichtigt, dass – nach Möglichkeit – sowohl rohe als auch gekochte Varianten der jeweiligen Gemüseart vorhanden sind (s. z. B. Möhrengemüse).

Aber auch ein weiteres hitzestabiles Carotinoid, das sogenannte Lykopin, das reichlich in Tomaten zu finden ist, zeigte, dass ein hoher Verzehr das Lungenkrebsrisiko genauso stark, wenn nicht stärker senkt, als das ß-Carotin. Es scheint, dass es in manchen Geweben sogar deutlich stärker wirkt. Eine hohe Konzentration an diesem Carotinoid im Blut senkt also eindeutig das Risko, an Bauchspeicheldrüsen-, Gallenblasen- und Mastdarmkrebs zu erkranken.

Unter den Obstsorten hat die **Aprikose** den höchsten Gehalt an Carotinoiden, nämlich vor allem dem ß-Carotin (s. a. Tabelle „Vorkommen an sek. Pflanzenstoffen", Seiten 74–79). Das heißt: da dieses Pro-Vitamin hitzeunempfindlich ist, hat auch Aprikosenkuchen und -marmelade fast gleichermaßen krebsvorbeugende Wirkung. Unter den Gemüsen hat **Grünkohl** mit Abstand den höchsten Carotinoidgehalt (26.600 µg/100 g), v.a. die hitzeempfindlichen (21.900 µg). Genaueres können Sie der folgenden Tabelle entnehmen:

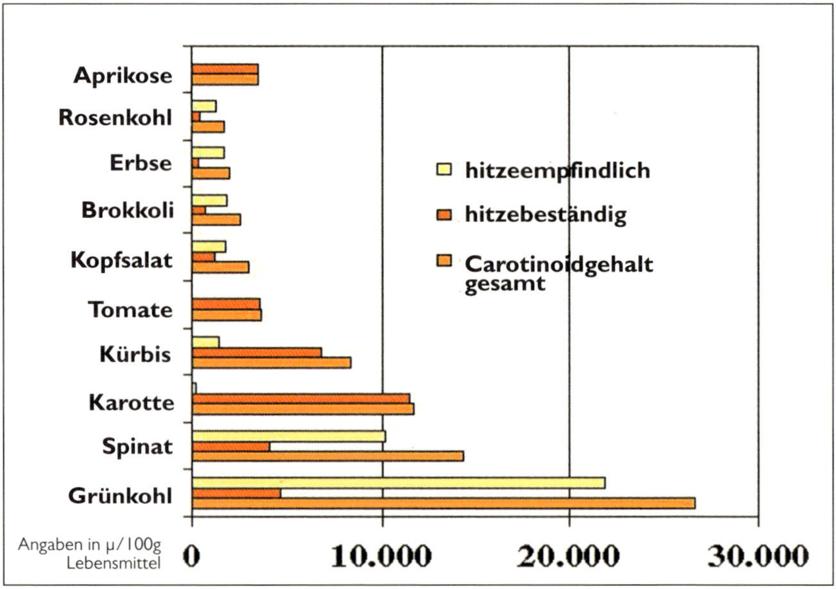

Für Sie bedeutet das: Um sich vor diversen Krebsarten zu schützen, sollten immer mal wieder Grünkohl-, Spinat-, Möhren-, Kürbis-, Tomaten-, Brokkoli-, Erbsen- und vielleicht auch Rosenkohlgerichte auf Ihrem Speisezettel stehen. Auch ein Salat sollte regelmäßig dabei sein. Im Sommer, wenn Aprikosenzeit ist, sind sie die geeignete Zwischenmahlzeit. Die restliche Jahreszeit helfen sie als Marmelade, Kuchen oder Kompott, dem Dämon Krebs aus dem Wege zu gehen.

Phytosterine

Phyto**sterine** – also pflanzliche **Sterine** im Gegensatz zu tierischen wie z. B. dem Chole**sterin** – finden Sie hauptsächlich in fettreichen Pflanzenteilen wie z. B. in **Sonnenblumenkernen und Sesamsaaten**. Auch natives **Sojaöl** enthält viel davon, ebenso die Keimöle. Alle Phytosterine zusammen können zwischen 0,2 und 2,6 % des Öls ausmachen. Wird es jedoch raffiniert (gereinigt) reduziert sich der Gehalt auf ca. 0,1 %.

Von diesen Phytosterinen ist bisher nur die Schutzwirkung vor Dickdarmkrebs bekannt. Auf sie führt man es auch zurück, dass Vegetarier, die grundsätzlich mehr Phytosterine aufnehmen als die übrige Bevölkerung, ein wesentlich geringeres Krebsrisiko haben als die Allgemeinbevölkerung.

Für Sie bedeutet das: Um sich vor Dickdarmkrebs zu schützen, sollten immer mal wieder Gerichte mit Sonnenblumenkernen, Sesamsamen und als Öl auch natives Sojaöl und Keimöle (Ausnahme Maiskeimöl) auf dem Speisezettel stehen.

Saponine

Saponine sind stark bitter schmeckende Substanzen, die ursprünglich als gesundheitsschädlich angesehen wurden. Sie sind in pflanzlichen Lebensmitteln weitverbreitet, speziell **Hülsenfrüchte** weisen viel davon auf und sie scheinen hitzeunempfindlich zu sein.

Sie werden jedoch kaum vom Körper aufgenommen, so dass ihre Wirkung vorwiegend auf den Darm beschränkt ist. Entsprechend können sie jedoch das Dickdarmkrebsrisiko verringern.

Für Sie bedeutet das: Um sich vor Dickdarmkrebs zu schützen, sollten immer mal wieder Gerichte mit Kichererbsen, Sojabohnen, weißen und Grünen Bohnen auf dem Speisezettel stehen.

Glucosinolate

Glucosinolate kommen vor allem in Pflanzen vor, die den botanischen Namen „Kruziferen" (Kreuzblütler) tragen. Zu ihnen gehören die verschiedenen Kohlarten wie Rosenkohl, Weißkohl, Rotkohl, Kohlrabi, Brokkoli, Blumenkohl, aber auch Rettich, Senf, Raps und Gartenkresse. Sie tragen zum typischen Geschmack dieser Gemüsesorten bei.

Die höchsten Konzentrationen findet man in Gartenkresse und Kohlrabi (genaue Angaben s. Tabelle Seiten 74–79). Dabei verringert das **Erhitzen** des Gemüses den Glucosinolatgehalt um durchschnittlich 35 %. Bei Weißkohl liegt der Gehalt nach 10 Minuten Kochen bei weniger als 50 %, wobei die Verluste auch durch den Übergang der wertvollen Wirkstoffe in die Kochflüssigkeit entstehen. Zudem entstehen durch das Kochen von Kohlgemüse Substanzen, die eine geringere Anti-Krebs-Wirkung haben. Leider verringert auch die Milchsäuregärung von Kohlgemüse (z. B. bei der Herstellung von Sauerkraut) die Glucosinolate.

Die Anti-Krebs-Wirkungen beruhen auf ihren Abbauprodukten, chemisch Isothiozyanate, Thiozyanate und Indole genannt. Dieser – im Fachausdruck „enzymatische" Abbau – wird durch Zerkleinern der Pflanzen, wie Kauen, Schneiden oder Kochen, ausgelöst.

Für verschiedenste Krebsarten wurden vorbeugende Wirkungen festgestellt, sogar die erbgutschädigende Wirkung von Nitrosaminen konnte verringert werden. Vorbeugend oder gleichzeitig mit dem krebsauslösenden Stoff gegessen, scheinen Thiocyanate und Isothiozyanate die Entstehung von Krebs, wenn nicht zu verhindern, dann zumindest die Anfälligkeit dafür zu verringern.

Gemüse mit Glucosinolaten: Weißkohl, Brokkoli, Kohlrabi

Insbesondere vorbeugend wirkt auch eine andere Verbindung, die als Abbauprodukt entsteht: Sulforaphan (SFN), eine Substanz, die in **Brokkoli** und in seinen 3 Tagen gekeimten Samen (10–100fache Menge) in sehr hohen Konzentrationen vorkommt. Man hat festgestellt, dass es die Bildung entzündungsfördernder Botenstoffe unterdrückt, die vermutlich an der Krebsentstehung beteiligt sind. Zusätzlich treibt die wertvolle Substanz geschädigte Zellen in den programmierten Zelltod und kann bestimmte Eiweiße aktivieren, die Entgiftungsprozesse einleiten.

Auch von den genannten Indolen, die konzentriert z. B. in Blumenkohl und Rosenkohl vorkommen, geht offensichtlich eine schützende Wirkung aus, hier insbesondere auf den durch Aflatoxine bewirkten Leber- und Brustkrebs.

Für Sie bedeutet das, dass der wertvolle Brokkoli, Weißkohl und andere Kohlsorten immer wieder auf Ihrem Speiseplan stehen sollten.

Phenolsäuren

Unter „Phenolsäuren" fasst man viele Verbindungen zusammen. Dazu gehören die Kaffeesäure und die Ferulasäure, die in Pflanzen die am häufigsten vorkommenden sekundären Pflanzenstoffe darstellen. Gerade die Kaffeesäure kommt – wie der Name schon sagt – in hohen Konzentrationen im Kaffee vor, eine Tasse enthält etwa 7 mg davon. Diese und andere Phenolsäuren findet man außerdem in größeren Mengen in **Grünkohl, Weizenvollkorn, Weißkohl** und Radieschen. Wie schon bei den Carotinoiden sticht Grünkohl aus allen anderen Gemüsesorten positiv hervor.

Phenolsäuren finden sich überwiegend in den Randschichten der Pflanzen. So ist z. B. in Kartoffeln die Hälfte der Kaffeesäure in der Schale und im angrenzenden Gewebe lokalisiert. Bei der Möhre enthält die Schale 85 % der gesamten Polyphenole. Auch im Getreide findet sich der überwiegende Anteil der Ferulasäure in der Kleie. Entsprechendes gilt für Getreidesorten wie z. B. den Weizen. Die Natur will das so, denn die Phenolsäuren sollen das darunter liegende Gewebe vor Sauerstoff schützen.

In frisch geernteten pflanzlichen Produkten ist der Phenolsäure-Gehalt am höchsten. Während der Lagerung werden die empfindlichen Verbindungen abgebaut. Das bedeutet für Sie: Gemüse und Obst möglichst frisch verzehren: nicht nur wegen der Anti-Krebswirkung, sondern auch wegen der Vitamine.

Eine besondere Phenolsäure – aufgrund ihrer starken Anti-Krebs-Wirkung – ist die „Ellagsäure". Sie kommt ausschließlich in bestimmten Nüssen und Früchten vor, so in **Walnüssen, frischen Brombeeren, Pecannüssen, Himbeeren und frischen Erdbeeren.** Leider ist sie hitzeempfindlich, das heißt: In den entsprechenden Marmeladen sind ist sie zwar noch enthalten, jedoch nur noch zu etwa 25–50 %: Brombeermarmelade: 513 mg/kg, Himbeermarmelade: 537 mg/kg, Erdbeermarmelade: 160 mg/kg.

Speichern kann der Körper diese Säure offensichtlich nicht. Das heißt, dass man sie ständig zuführen muss. Geschieht dies, so wirkt sie offensichtlich bereits im Darm, indem sie krebserregende Substanzen in harmlose überführt.

Phenolsäuren wirken gegen zahlreiche krebserzeugenden Stoffe aus der Umwelt, wie z. B. polyzyklische aromatische Kohlenwasserstoffe, Pilzgifte und Nitrosamine. So zeigte sich, dass die Kaffeesäure der Nitrosaminbildung entgegenwirkt. Auch gegen Aflatoxine sind diese Säuren offensichtlich wirkungsvoll. Sogar Hautkrebs, der durch Chemikalien verursacht wurde, konnte durch Ellagsäure gehemmt werden. Außerdem zeigte sich, dass Phenolsäuren nicht nur die Auslösung von Krebs hemmen, sondern auch das Fortschreiten diverser Krebsarten.

Seitdem man die stark antioxidative Wirkung der Weizenkleie entdeckte, vermutet man, dass sich verschiedene Phenolsäuren untereinander und mit anderen biologisch aktiven Inhaltsstoffen gegenseitig in ihrer Wirkung verstärken, da die intensive Wirkung der Kleie sonst nicht zu erklären wäre.

Grünen Tee gibt es in vielen Variationen z. B. von der Firma Lihn im Reformhaus

Phenolsäuren mit Anti-Krebs-Wirkung sind z. B. auch die **Gerbsäuren**, die man im Grünen Tee findet, speziell „Epigallocatechin-3-Gallat“ oder abgekürzt: EGCG. Sie verhindern das für Krebs typische, unkontrollierte Zellwachstum. In Laborexperimenten wurde gezeigt, dass durch die Substanz die Aktivität von speziellen Eiweißarten blockiert wird, die die Signale zur Teilung an den Zellkern senden. Außer dem EGCG wirken noch weitere Gerbsäuren im Grünen Tee hemmend auf das Tumorwachstum. Sogar eine Pille mit diesem Inhaltsstoff soll es nach Wünschen einer koreanischen Firma geben – bei uns wird dies allerdings noch längere Zeit dauern – also besser abwarten und Grünen Tee trinken.

Gerbstoffe binden im Darm Eisen. Zuviel Eisen ist für die Krebsentstehung förderlich. Dies kommt jedoch weniger häufig vor als ein Mangel. Neigt man zu Eisenmangel, Grünen Tee nicht zu den Hauptmahlzeiten genießen.

Für Sie bedeutet das: Um sich vor krebsauslösenden Stoffen aus der Umwelt zu schützen, immer wieder mal auf Grünkohl zurückgreifen, Weizenvollkorn – auch gekeimt – und frische Beeren essen. Das Schälen sollte man soweit wie möglich unterlassen – bei Bioprodukten ist dies möglich. Und schließlich schadet auch das Tässchen Kaffee nicht – im Gegenteil: die Kaffeesäure beugt Krebs vor! Auch der Genuss von Grünem Tee ist wichtig.

Phyto-Östrogene

Phyto-Östrogene – also pflanzliche Östrogene – wirken ähnlich den gleichnamigen Hormonen in Mensch und Tier – nur mit einer wesentlich schwächeren Wirkung (ca. 0,1 % der eigentlichen Östrogene).

Für die Krebsabwehr spielen zwei Gruppen von Phyto-Östrogenen eine Rolle: die eine sind die sogenannten **Lignane**, die anderen die **Isoflavonoide**. Letztere kommen nur in wenigen Pflanzenfamilien vor, so in den Hülsenfrüchten der Tropen wie z. B. den Sojabohnen, die besonders reich daran sind. Eine Ausnahme ist Kuhmilch. Sie ist ebenfalls eine Quelle dafür.

Isoflavonoide sind sehr stabil, so dass sie **auch in verarbeiteten und erhitzten Produkten** ohne große Verluste zu finden sind. Bei Personen, die sich mit einer traditionellen japanischen Kost ernähren, sind sie in mehr als der 100fache Konzentration nachzuweisen als von Personen, die sich nach dem westlichen Standard ernähren. Dabei enthalten die verarbeiteten Sojabohnenprodukte mit Ausnahme von stark verarbeiteten Sojaprodukten wie der Sojasauce, fast ebensoviel von der gesunden Substanz wie die unverarbeiteten. Aus fermentierten Sojaprodukten werden die Isoflavonoide zudem besser aufgenommen.

Auf einen Vertreter der Isoflavonoide aus Sojabohnen setzt man neuerdings große Hoffnungen: das Genistein. Es soll möglicherweise verhindern, dass der Krebs eine Verbindung zur Blutbahn bilden kann, d. h. das Wachstum und die Metastasenbildung würden verringert.

Lignane sind im Unterschied zu den Isoflavonoiden im Pflanzenreich weit verbreitet und kommen in ballaststoffreichen Lebensmitteln wie Vollkorn und daraus hergestellten Produkten vor, vorwiegend in den Randschichten der Getreide. Sie werden über die Nahrung zusammen mit Ballaststoffen aufgenommen und sind damit für einen Teil der Anti-Krebs-Wirkung von Ballaststoffen verantwortlich. Eine getreide- bzw. ballaststoffreiche Kost enthält besonders viel Lignane, Leinsamen sind eine besonders reiche Quelle. Dabei steigert bereits die Aufnahme von 10 g Leinsamen die entsprechende Konzentration dieser Form der Phyto-Östrogene im Körper. Frisches Gemüse kann bei täglichem Genuss ebenfalls einen bedeutenden Beitrag zur Zufuhr von Lignanen leisten.

Diese beiden Phyto-Östrogene haben offensichtlich eine schützende Wirkung vor allem bei hormonbezogenen Krebsarten wie Brust-, Gebärmutterschleimhaut- und Prostatakrebs. Jedoch sollen sie auch vor Dickdarmkrebs schützen. Auch diese Krebsart scheint durch Östrogene gefördert zu werden. Gesichert ist, dass sie eine vorbeugende Wirkung haben, aber auch für eine dem Krebszellwachstum entgegenwirkende Funktion liegen Hinweise vor. Entsprechend werden bei einer Ernährung, die reich an Sojabohnen- und Vollkornprodukten sowie an anderen ballaststoffreichen Lebensmitteln ist, wie z. B. bei der traditionellen japanischen oder vegetarischen Ernährung, seltener hormonbezogene Krebsarten – vor allem Brustkrebs – festgestellt. Man vermutet, dass die geringe Sterblichkeitsrate dafür und für Prostatakrebs in Japan auch auf den hohen Verzehr von Sojabohnen und damit Phyto-Östrogenen zurückzuführen ist.

Für Sie bedeutet das: Öfters Soja- und Vollkornprodukte essen.

Flavonoide

Flavonoide sind sehr weit in unseren Lebensmitteln verbreitet und haben einen bedeutsamen Anteil an unserer Nahrung. Etwa 4.000–5.000 verschiedene Verbindungen davon sind bislang bekannt. Sie geben unseren Nahrungsmitteln die gelbe, oder die speziellen Anthozyanine die rote, blaue und violette Farbe, wie Sie sie von Kirschen, Pflaumen, Beerenobst, wie den Heidelbeeren, Blauen Trauben, Rotkohl und Auberginen kennen. Sie können Vitamin C zum Teil ersetzen und manche Flavonoide verstärken seine Wirkung.

Beerenteller: Heidel- und Johannisbeeren

Das sogenannte „Quercetin" ist dabei das am häufigsten vorkommende Flavonoid. Es ist in gelben Zwiebeln, wieder mal in Grünkohl, Grünen Bohnen, Äpfeln, Kirschen und – auch wieder mal – in Brokkoli enthalten. Sogenannte Katechine (Flavanone) findet man in Schwarzem oder Grünem Tee, in der Schale der meisten Gemüse- und Obstarten und Rotwein. Auf diese Substanzen setzt man besondere Hoffnung: Sie blockieren ein Enzym, das Tumorzellen benötigen, um gesundes Gewebe befallen zu können.

Eine hohe Aufnahme von Flavonoiden durch Gemüse und Obst wird für ein niedriges Magen-, Dickdarm- und Brustkrebsrisiko verantwortlich gemacht. Dabei hemmen bestimmte Flavonoide die Krebsentstehung und manche die Weiterentwicklung der bereits ausgebrochenen Krankheit.

Wie die Phenolsäuren, so liegen auch diese Verbindungen vor allem in den Randschichten der Pflanzen sowie in den Blättern vor. Deshalb reduziert das

Schälen von Äpfeln und das Entfernen der Haut bei Tomaten erheblich den Flavonoidanteil. Infolgedessen werden Sie bei den Rezepten nie erleben, dass Ihnen das Schälen oder Entfernen der Pflanzenhaut empfohlen wird.

Leider ist es ebenso wie bei den Vitaminen: während der Lagerung werden die Flavonoide abgebaut. So verschwinden mehr als 50 % davon, wenn Äpfel im Winter monatelang aufbewahrt werden.

Auch die Jahreszeit der Ernte ist wichtig: Im August geernteter Kopfsalat oder Endivie enthält 3–5mal mehr von den Anti-Krebs-Substanzen als z. B. im April geerntete Salate. Generell beträgt bei verarbeiteten Lebensmitteln der Flavonoidgehalt nur noch die Hälfte im Vergleich zu den frischen, unverarbeiteten Lebensmitteln.

Ausnahmsweise liegt das nicht an der Hitzeeinwirkung, denn die Flavonoide sind hitzestabil. Ihr Verlust wird auf ein Auslaugen ins Kochwasser zurückgeführt.

Für Sie bedeutet das:
Obst und Gemüse soweit möglich mit der Schale essen!

Protease-Inhibitoren

Proteasen sind sogenannte Enzyme (s. Anhang/Lexikon), die bestimmte Eiweiße in ihre kleinsten Bausteine, die Aminosäuren, zerlegen. Protease-Inhibitoren verhindern diese Wirkung. Viele Nahrungspflanzen enthalten einen oder mehrere dieser Hemmstoffe, so z. B. Mungobohnen zwei, Sojabohnen mindestens fünf verschiedene, die Kartoffel sechs. Das bedeutet, dass fünf verschiedene Eiweißvarianten durch die zugehörigen Proteasen nicht abgebaut werden können, wenn der entsprechende Inhibitor vorhanden ist. Sogar selbst bilden können wir diese hilfreichen Substanzen: Bei Entzündungen sorgen sie dafür, dass die eiweißabbauenden Vorgänge unter Kontrolle bleiben.

Für einige dieser Inhibitoren, die im Pflanzenreich weit verbreitet sind, wurden Anti-Krebs-Wirkungen nachgewiesen und scheinbar genügen bereits geringe Konzentrationen davon. Am genauesten ist ein Protease-Inhibitor aus Sojabohnen untersucht. Er scheint die Entwicklung verschiedener Krebsarten wie Dickdarm-, Mundhöhlen-, Lungen-, Leber- und Speiseröhrenkrebs zu beeinflussen. Auch bei weiteren Protease-Inhibitoren, wie z. B. denjenigen aus Kartoffeln, wurde eine Hemmung der Krebsauslösung nachgewiesen, die z. B. durch Strahlung oder Chemikalien verursacht wird.

Es scheint, als wirkten diese Inhibitoren bereits **in sehr geringen Mengen** und bei den verschiedensten Krebsarten unterschiedlichster Organe. Auch die

Weiterentwicklung des Tumors wird offensichtlich von Protease-Inhibitoren eingeschränkt, wenn nicht sogar gestoppt. Man nimmt sogar an, dass sie die Krebsentstehung in verschiedenen Stadien wieder rückgängig machen können. Und dabei muss die Zufuhr nicht ständig erfolgen, die schützende Wirkung ist auch im Nachhinein zu beobachten.

Als Grund für die Anti-Krebswirkung vermutet man, dass den Krebszellen bestimmte Aminosäuren entzogen werden, die der Tumor zum Wachstum benötigt. Eine andere Vermutung ist, dass bestimmte Proteasen gehemmt werden, die an der Tumorentstehung beteiligt sind, und schließlich die Schutzwirkung vor Sauerstoff.

Normalerweise wird Eiweiß durch die körpereigenen Enzyme im Magen-Darm-Trakt verdaut, d. h. in kleinere Bestandteile bis hin zu den Aminosäuren zerlegt. Nicht so die Protease-Inhibitoren. Erstaunlicherweise sind ca. 90 % der zugeführten Inhibitoren im Dünn- und Dickdarm noch aktiv, werden also nicht in ihre Bestandteile zerlegt und anschließend als Ganzes ausgeschieden. Die restlichen 10 % werden im Darm intakt aufgenommen.

Vegetarier und die **Siebenten-Tags-Adventisten** nehmen durch ihre pflanzliche Ernährungsform weitaus mehr an Protease-Inhibitoren zu sich als bei uns üblich. Man vermutet, dass ihre wesentlich niedrigere Krebsrate auch darauf zurückzuführen ist.

Bestandteile des Zigarettenrauchs können Protease-Inhibitoren zerstören. Erhitzen, fermentieren (vergären mit Mikroorganismen, wie dies z. B. bei Soja-Sauce der Fall ist) und Keimen scheint die Aktivität der Inhibitoren zu reduzieren.

Für Sie bedeutet das:
Kartoffeln und Sojabohnen helfen bei der Krebsvorsorge

Monoterpene

Bei Monoterpenen handelt sich um natürliche Aromastoffe, die auch zur Aromatisierung von Lebensmitteln eingesetzt werden. Sie kennen diese Substanzen z. B. durch das Menthol aus der Pfefferminze oder dem Limonen aus der Zitrone oder dem Zitrusöl, das zu 90 % aus Limonen besteht. Auch das Kümmelöl enthält zu 50 % das Terpen Carvon, das ebenso wie Limonen eine Anti-Krebs-Wirkung zeigt. Da Limonen sogar in Mengen bis zu 20 g auf einmal eingenommen keine gesundheitsschädliche Wirkung zeigt, wird es in Zukunft vielleicht sogar als vorbeugendes Medikament gegen Krebs eingesetzt.

Limonen, Carvon und vermutlich auch andere Monoterpene wirken in der Anfangsphase der Krebsentstehung und wahrscheinlich auch bei der Weiterentwicklung der Tumorzellen. Sie verringern offensichtlich die krebserregende Wirkung verschiedener Nitrosamine, wodurch die Bildung von Magen- und Lungenkrebs gehemmt wird.

Sulfide

Sulfide – also schwefelhaltige Substanzgruppen – sind uns aus einer als extrem gesundheitsfördernd geltenden Pflanze bekannt: dem Knoblauch. Die Hauptwirksubstanz ist Allicin – die auch den bekannten Knoblauchgeruch ausmacht, der uns so unbeliebt bei unseren Mitmenschen machen kann.

Generell enthalten Zwiebelgemüse wie Zwiebeln, Schnittlauch, Schalotten, Knoblauch und Lauch Schwefelverbindungen, die eine Anti-Krebs-Wirkung ausüben. Ein weiteres Sulfid kommt in Kohlgewächsen vor.

Es wurde gezeigt, dass diese Verbindungen in erster Linie vor Magenkrebs schützen. Dabei ist der Verzehr von Zwiebelgemüsen besonders wirksam, wenn er bereits in jungen Jahren (ab 35–49 Jahre) regelmäßig in größeren Mengen geschieht. Dadurch kann die Wahrscheinlichkeit, Magenkrebs zu bekommen, um über die Hälfte gesenkt werden. Aber auch auf andere Krebsarten haben die Zwiebelgewächse ganz offensichtlich einen positiven Einfluss.

In erster Linie wirken die Sulfide vorbeugend, aber auch das Krebswachstum wird offensichtlich durch sie gehemmt. Dabei scheint die Wirkung sowohl von rohen als auch von gekochten Zwiebelgewächsen auszugehen.

Für Sie bedeutet das: Knoblauch ist gesund und sollte gemeinsam mit anderen Zwiebelgewächsen so oft wie möglich auf der Speisekarte stehen.

Weitere sekundäre Pflanzenstoffe

Bei den Untersuchungen der sekundären Pflanzenstoffe hinsichtlich ihrer Anti-Krebs-Wirkung ist man erst am Anfang. Daher wird man in Zukunft noch viel darüber hören, neue Substanzgruppen wird man entdecken und neue Wirkungen. Außerhalb der erwähnten Verbindungen gibt es noch weitere sekundäre Pflanzenstoffe, von denen eine Anti-Krebs-Wirkung bekannt ist.

Phytinsäure: Die Substanz findet man in Hülsenfrüchten und Ölsaaten, Nüssen, anderen Samen sowie in den Randschichten von Getreide. Gemüse enthält verhältnismäßig wenig davon, in Obst und Kartoffeln kommt es gar nicht vor. Die biologische Funktion der Substanz ist bislang nicht geklärt. Möglicherweise dient sie als natürliches Antioxidans (s. Anhang/Lexikon).

Für Sie spielt jedoch ihre Anti-Krebs-Wirkung eine große Rolle. Diese geht insbesondere von den Komplexen aus, die die Phytinsäure mit Mineralstoffen und Spurenelementen bildet, die sogenannten Phytate. Sie sind offensichtlich für eine niedrige Dickdarmkrebsrate bei Personen verantwortlich, die viele pflanzliche Lebensmittel essen und damit eine hohe Konzentration davon im

Es grünt so grün...

Körper haben. Sie erschweren sowohl die Entstehung als auch das Fortschreiten von Dickdarmkrebs.

Chlorophyll: Die Substanz findet man in allen grünen Pflanzen, die mit ihrer Hilfe Energie gewinnen. Nachgewiesen ist die tumorhemmende Wirkung bei durch Aflatoxin B_1 hervorgerufenem Leberkrebs, und zwar in Mengen, die in einer Gemüseportion vorhanden sind.

Nicht nur das Chlorophyll macht Brokkoli so wertvoll!

Schon lange beobachtet man, dass grünes Gemüse eine schützende Wirkung vor Krebs hat. Dies könnte auch am Chlorophyll liegen.

Abschließend kann man sagen, dass ganz offensichtlich viele sekundäre Pflanzenstoffe Anti-Krebs-Wirkung haben und dazu beitragen können, das Risiko einer späteren Krebserkrankung (speziell Lungen-, Magen-, Dickdarm- und Brustkrebs) zu vermindern. Dabei reicht es jedoch nicht aus, nur einzelne Sekundäre Pflanzenstoffe, z. B. in Form von Tabletten aufzunehmen, sondern die gesamte Ernährungsweise muss reich an Getreide, Obst, Salaten und Gemüsen sein. Dabei ist z. B. der Gehalt an wertvollen Flavonoiden bei Freilandgemüse höher als bei Treibhausware. Deshalb ist es besser, saisonal – also der Jahreszeit entsprechend – zu essen.

Auf den folgenden Seiten finden Sie eine Liste aller dargestellten sekundären Pflanzenstoffe und ihr jeweiliges Vorkommen in Obst, Gemüse etc. Wenn von einer oder mehreren Substanzen Konzentrationsangaben vorliegen, so finden Sie auch diese. Damit können Sie entsprechendes Gemüse oder Obst auswählen, das hohe Konzentrationen des jeweiligen Wirkstoffes enthält. Vielleicht wollen Sie ja auch bestimmten Krebsformen, die in Ihrer Familie vorkamen, vorbeugen. Die Mengenangaben sind ein ungefährer Anhaltspunkt, um zu sehen, welches Obst oder Gemüse besonders viel sekundäre Wirkstoffe enthält. Ungefähr deshalb, da der Gehalt auch von der Sorte und dem Klima abhängen kann.

Substanz	Carotinoide µg/kg	Phytosterine mg/kg	Saponine mg/kg	Glucosinolate mg/kg	Phenolsäuren mg/kg	Phytoöstrogene mg/kg	Protease-Inhibitoren Anzahl	Flavonoide mg/kg (v.a. Schale)	Monoterpene µg/kg	Sulfide	Weitere sekundäre Pflanzenstoffe
Vorkommen in: Obst											
Äpfel	400							36–140 (Schale)	5–50		
Aprikosen	35050				X			110	200-1000		
Aprikosen, getrocknet	350 000										
Banane	710										
Birne								28 (Schale)			
Trauben blau								15–42			
Weintrauben									300–1500		
Beeren									X		
Brombeeren, frisch	2700				2010			200–3250			
Erdbeeren	200				405						
Heidelbeeren	340							100–1000	50–100		
Himbeeren	300				1240			200–600	100–500		
Johannesbeeren, schwarz								2500			
Grapefruit, rot	44920										
Guave	62120										
Kirschen								1000–4500			
Mandarinen	16000										
Mango	13000										
Nektarinen	1030										
Orangen	1040								1500–2000		
Obst, orangefarben	X										
Papaya	1800										

Substanz	Carotinoide µg/kg	Phytosterine mg/kg	Saponine mg/kg	Glucosinolate mg/kg	Phenolsäuren mg/kg	Phytoöstrogene mg/kg	Protease-Inhibitoren Anzahl	Flavonoide mg/kg (v.a. Schale)	Monoterpene µg/kg	Sulfide	Weitere sekundäre Pflanzenstoffe
Pfirsich	1140										
Pflaumen	4100							X			
Wassermelonen	7950										
Zitrone	34				X			X	X		
Zitrusfrüchte											
Zitrusöl									X		
Auberginen	430	6,5						X			
Getreide						Randschichten: X	X				X
Gerste		X	X		X	X	X	X			
Mais	13000 (ganzes Korn)						1				
Mais-Cornflakes	1700										
Weizenkeime	600										
Weizenvollkorn	200	X	X		500	X	1	X			
Weizenmehl Type 405					71						
Weizenkleie	55					X					
Grünblättriges Gemüse	X										
Gurke		14,3									
Hülsenfrüchte			X				X				X
Bohnen	4000		18								X
Erbsen	20660		X								X
Bohnen, grüne			16		70			39			X
Kichererbsen	1800		50								X

Substanz	Carotinoide µg/kg	Phyto-sterine mg/kg	Saponine mg/kg	Glucosinolate mg/kg	Phenolsäuren mg/kg	Phytoöstrogene mg/kg	Protease-Inhibitoren Anzahl	Flavonoide mg/kg (v.a. Schale)	Monoterpene µg/kg	Sulfide	Weitere sekundäre Pflanzenstoffe
Linsen	1000		4								X
Mungobohnen							2				X
Sojabohnen	3800	X	39			1275	5				X
Sojasoße						13					
Tofu						242					
Misopaste						642					
Sojaöl, nativ		4940									X
Kaffee					X						
Kartoffel							6				
Kohlarten:	X			X							
Blumenkohl		17,7		410						X	
Brokkoli	26010	42,6		610 frisch 510 gefroren	X			30			X
Chinakohl				X							X
Gartenkresse	22000			1210							X
Grünkohl	266000			X	970–1555			110	X	X	X
Kohlrabi				1090							
Kohlrübe				X							
Meerrettich				X							
Radieschen					75–100			X			
Rettich				130							
Rosenkohl	17800			910							X
Rotkohl	150			670				X			
Senf				X							

Substanz	Carotinoide µg/kg	Phytosterine mg/kg	Saponine mg/kg	Glucosinolate mg/kg	Phenolsäuren mg/kg	Phytoöstrogene m /kg	Protease-Inhibitoren Anzahl	Flavonoide mg/kg (v.a. Schale)	Monoterpene µg/kg	Sulfide	Weitere sekundäre Pflanzenstoffe
Weißkohl	2300	**10,7**		X	105						
Kartoffeln	52				X		X				
Kürbis	84000										
Kürbiskerne						213					
Leinsamen		X			X	X	X	X			X
Möhren	117600	11,8			X			X	X		
Möhrensaft	26000										
Nüsse					1						X
Wallnüsse	480				7400						X
Pecannüsse	800				1980						
Gemüse, orangefarben	X										
Paprika, grün	16000										
Parika, rot	39000										
Rote Bete			X								
Salat								X			X
Endivie	17000							X			X
Feldsalat	39000										
Kopfsalat	30010	9,5						60 (äußere Blätter)			X
Sesamsaaten		7140									X
Sonnenblumenkerne		5340									X
Spargel	5330		X								
Spinat	143000		6								X

Substanz	Carotinoide µg/kg	Phytosterine mg/kg	Saponine mg/kg	Glucosinolate mg/kg	Phenolsäuren mg/kg	Phytoöstrogene mg/kg	Protease-Inhibitoren Anzahl	Flavonoide mg/kg (v.a. Schale)	Monoterpene µg/kg	Sulfide	Weitere sekundäre Pflanzenstoffe
Tee											
Grüner Tee								X			X
Schwarzer Tee								100–420			
Tomaten	37200	6,8			X			14–50 (Schale)	X		
Zwiebelgewächse				X							
Knoblauch			I	X	X			X	X	X	
Lauch		8,6								X	
Schalotten										X	
Schnittlauch	3000									X	X
Zwiebeln	69	14,9	X	X	X			340–347 roh 269 gebraten	X	X	
Gelbe Zwiebel								437			
Gewürze, Aromen											
Anis									X		
Basilikum									X		
Curcumin, Bestandteil von Gelbwurz und Curry											
Fenchel									X		
Koriander									X		
Kümmel									X		
Kümmelöl									X		
Pfefferminze									X		

Tabelle IV.1.2: Vorkommen von sekundären Pflanzenstoffen in den jeweiligen Gemüse- und Obstsorten (x = Vorkommen bekannt, Mengenangabe: von zumindest einem Wirkstoff ist die genaue Konzentrationsangabe bekannt)

IV.2 Substanzen in milchsauren Lebensmitteln

„Milchsaure Lebensmittel", das bedeutet im Grunde „haltbar gemachte" Lebensmittel. Sie kennen diese Nahrungsmittel: Sauerkraut, Käse, Joghurt, Sauerteig etc. Seit Jahrtausenden werden diese Produkte mit Hilfe von natürlich vorkommenden Milchsäurebakterien hergestellt. Die Werbeaussage „mit lebenden Kulturen" stimmt: diese Bakterien leben noch. Darum kann man aus Joghurt wieder Joghurt herstellen, indem man Milch mit den Bakterien beimpft, sprich wieder etwas Joghurt hinzufügt. Man nennt das Herstellungsverfahren „Gärung" oder „Fermentierung" und spricht von fermentierten, milchsauer haltbar gemachten oder vergorenen Lebensmitteln. Es funktioniert ähnlich wie beim Wein – nur dass bei diesem Getränk Hefen, also Pilze, verwendet werden.

Früher gelangten die Bakterien unbeabsichtigt, heute gezielt in die Milch, bzw. den Teig und das Gemüse. Diese Mikroorganismen wachsen, vermehren sich und verdauen dabei die Kohlenhydrate, sprich die verschiedenen Zucker, zu 95 % zu dem Endprodukt Milchsäure, aber auch zu Essig- und Propionsäure. Entsprechend wird das Produkt saurer und ist mit diesen Bakterien angereichert. Es schmeckt anders als Milch und ändert seinen gesundheitlichen Wert – es wird z. B. krebsvorbeugend. Milchsäurebakterien haben viele positive Wirkungen, die krebsvorbeugende ist eine davon. Sie aktivieren das Immunsystem und damit die Krebsabwehr. Dies wurde jedoch nur bei regelmäßiger Aufnahme der Bakterien bzw. des Joghurts beobachtet.

Sanoghurt von Heirler kann sich positiv auf Ihr Wohlbefinden auswirken.

Tatsächlich:

- hemmen sie Enzyme im Darm, die an der Aktivierung von Vorstufen für krebserzeugende Substanzen beteiligt sind.

- binden sie erbgutschädigende Substanzen im Darm und inaktivieren sie dadurch. Damit wird eine Schädigung der Erbinformation verhindert.
- können die Milchsäurebakterien auch die gefährliche Nitrosaminbildung beeinflussen. Sie nehmen kurzerhand Nitrit in ihren Organismus auf, dadurch steht die Substanz für eine Nitrosaminbildung nicht mehr zur Verfügung.
- vermindern sie die Entstehung von den gesundheitsschädlichen sekundären Gallensäuren und generell die Bildung freier Gallensäuren.
- fördert Milchsäure, wie andere – im Fachjargon „organische Säuren" genannt – wie z. B. Zitronen-, Butter- und Essigsäure, die Darmbewegungen und beschleunigt dadurch den Transport des verdauten Speisebreis im Dickdarm. So können gesundheitsschädliche Substanzen nur einen verkürzten Zeitraum auf die Darmschleimhaut einwirken. Dies senkt wiederum das Risiko, Darmkrebs zu bekommen.
- reduzieren sie die Folgen der erbgutschädigenden Verdauungsprodukte von Fleisch.

Diese Wirkungen gehen zum Teil von den Organismen selbst als auch von ihren Zellbestandteilen aus. Dabei wurde die krebsvorbeugende Wirkung auch bei milchsauer vergorenen Gemüseprodukten beobachtet, so bei vergorenem, unerhitztem Rote-Bete-Saft und milchsauer vergorenem Kohlgemüse wie dem Sauerkraut sowie anderen fermentierten Gemüsesorten. Milchsauer vergorene Gemüsesäfte und Bio-Sauerkraut erhalten Sie z. B. in Naturkostläden und Reformhäusern. Die Säfte werden i. d. R. als Most bezeichnet, um sie von den unvergorenen Gemüsesäften abzugrenzen. Von Rabenhorst (Reformhaus) erhalten Sie Bio-Sauerkrautsaft, Bio-Rote-Bete-Most sowie Bio-Gemüsesaft aus einer Mischung von milchsauer vergorenen Rote Bete, Möhren, Sellerie, Kartoffeln

„Sauerkraut: so sauer es ist, so gesund ist es auch!"

und Rettich. Die Firma Eden (Reformhaus) bietet sogar milchsauer vergorene Rote Bete, Dill-Gurken, milchsaures Allerlei und Sauerkraut an.

Nicht alle krebsvorbeugenden und krebshemmenden Wirkungen gehen auf lebende Milchsäurebakterien zurück, aber die meisten. Daher ist es wichtig, die milchsauren Lebensmittel aus unerhitzten Produkten zu verzehren. Durch die Säurebildung werden sie sowieso eine gewisse Zeit konserviert. Nicht nur die Firma Natura (Reformhaus) geht hier einen anderen Weg: sie bietet die gesunden Bakterien direkt als Pulver an (Darmflora-Plus), das man Quark, Joghurt und kalten Getränken direkt zugeben kann.

Dabei funktionieren sie nicht nur vorbeugend, sie hemmen auch das Tumorwachstum selbst! Dies konnte direkt für Joghurt nachgewiesen werden. Jedoch nutzt diese Fähigkeit der milchsauren Produkte bzw. Bakterien nur zu Beginn des Krebswachstums. Im fortgeschrittenen Stadium ist die Wirkung geringer, bzw. gar nicht mehr vorhanden. Man vermutet, dass dieser Effekt durch Aktivierung des Immunsystems zustande kommt. Aber sogar die erhöhte Bildung von Interferon wurde nach Aufnahme bestimmter Milchsäurebakterien, die auch im Joghurt vorkommen, beobachtet.

Dank der Tatsache, dass bakterielle Enzyme die Vorstufen von krebserregenden Substanzen inaktivieren können, ist es möglich, durch die Ernährungsweise der Entstehung von Dickdarmkrebs vorzubeugen. Generell konnten in Bevölkerungskreisen, die ein hohes Darmkrebsrisiko aufweisen, eine geringere Konzentration an einem bestimmten Milchsäurebakterium nachgewiesen werden, als bei Personen, die ein geringes Risiko für diesen Tumor haben.

Und sogar die Wahrscheinlichkeit dafür, Brustkrebs zu bekommen, sinkt mit einem hohen Verzehr an Joghurt.

IV. 3 Ballaststoffe

Ballaststoffe sind Bestandteile ausschließlich pflanzlicher Lebensmittel, die von Verdauungsenzymen des Menschen nicht abgebaut werden können. In Pflanzen dienen sie z. B. als Gerüstsubstanz ihrer Zellstrukturen oder als Füll- und Schutzmaterial. Dabei handelt es sich nicht um eine einheitliche Substanz, sondern um ein Stoffgemisch.

Ballaststoffe findet man vor allem im Getreide, Gemüse, Obst und Samen.

Längere Zeit war man der Meinung, dass Ballaststoffe Ballast sind und keine Vorteile für den Menschen bringen. Diese Meinung änderte sich, als man feststellte, dass Bevölkerungsgruppen mit einem hohen Anteil an Ballaststoffen in ihrer Nahrung kaum Dickdarmkrebs bekommen. Vergleicht man das Vorkommen der verschiedenen Krebsarten mit den dort üblichen Ernährungsweisen, so zeigt sich, dass die Dickdarmkrebs-Rate in Europa und Nordamerika hoch und in den Ländern der Dritten Welt niedrig ist.

Wie beugen Ballaststoffe Krebs vor?

Die krebsvorbeugenden Funktionen der Ballaststoffe sind zahlreich. Sie

- tragen zu einer normalen Darmfunktion bei.
- beeinflussen den Cholesterinstoffwechsel und die Stoffwechselaktivität der Darmflora (Bakterien und Pilze). Sie fördern die Stoffwechselleistung und die Anzahl der günstigen Darmbakterien.
- lockern vor allem durch die Kleie im Vollkorngetreide den Speisebrei auf, erhöhen das Darmvolumen, verdünnen den Darminhalt und die enthaltenen Krebs auslösenden Substanzen, die dadurch schneller ausgeschieden werden. Damit verbleiben Giftstoffe, die auch während des Verdauungsvorganges entstehen, nicht so lange im Darm und der Kontakt mit der Darmschleimhaut wird verringert. Die Einwirkungsdauer aggressiver und zellschädigender Bestandteile im Stuhl wird verkürzt.
- werden z. T. von Darmbakterien zu Fettsäuren abgebaut, wie z. B. der Buttersäure. Dadurch wird es im Darm saurer und verschiedene Wirkstoffe werden gehemmt, die krebserregende Substanzen aktivieren. Auch weiß man, dass Buttersäure das Wachstum von Krebszellen im Dickdarm hemmt. Außerdem wird durch diese wertvolle Säure der programmierte Zelltod geschädigter Zellen gefördert. Zusätzlich wird die Regenerationsfähigkeit der oberflächlichen Zellen im Dickdarm durch sie unterstützt.
- binden z. T. krebserregende Substanzen (Kanzerogene), die dadurch schneller ausgeschieden werden. Kanzerogene werden bekanntlich nicht nur mit der Nahrung zugeführt. Sie entstehen auch beim Abbau körpereigener Substanzen, so z. B. die sekundären Gallensäuren (s. Anhang/Lexikon), die zum einen von Ballaststoffen gebunden werden und deren Bildung durch die Fettsäuren, die aus Ballaststoffen entstehen, unterbunden bzw. reduziert wird.
- senken den Cholesterinspiegel – was wiederum zur Reduzierung des Krebsrisikos beiträgt. Dies ist z. B. von den Ballaststoffen aus Gemüse, Hülsenfrüchten, Hafer (aus Backwaren und Frühstückszerealien), Roggen und Gerste bekannt.
- fördern das Wachstum bestimmter Darmbakterien, die den vermutlich Krebs auslösenden Ammoniak verändern.
- können die Aktivität von Wirkstoffen (Enzymen) reduzieren, die krebsauslösende Stoffe, die bereits in harmlose Formen übergeführt wurden, wieder reaktivieren.

• Die Ballaststoffe Carrageen und Agar-Agar hemmen zwei Enzyme (s. Anhang/Lexikon), die an der Entstehung von Kanzerogenen beteiligt sind.

Wie viele Ballaststoffe soll man täglich essen?

Bislang gibt es keine eindeutige Lehrmeinung darüber, wieviel Ballaststoffe man täglich essen soll, um – insbesondere Darmkrebs – zu verhindern. Generell nimmt die Bevölkerung in den Industrieländern ca. 20 g Ballaststoffe pro Tag auf, empfohlen werden jedoch 30 g. Dabei sollte ihre Aufnahme nicht in Form von Tabletten oder in isolierter Form wie z. B. Hafer- oder Weizenkleie, sondern als ballaststoffreiche Lebensmittel erfolgen. Dafür eignen sich Getreide und ihre Produkte, Hülsenfrüchte, Obst und Gemüse.

Durch Genuss einer ballaststoffreichen Nahrung bewirkt man eine deutliche Veränderung bei der Zufuhr anderer Nahrungsbestandteile. So gewährleistet dies eine Zufuhr weiterer bioaktiver Substanzen, die eng mit einer Ballaststoffaufnahme gekoppelt ist. Ja, es ist sogar wahrscheinlich, dass diese bioaktiven Substanzen eine stärkere Anti-Krebs-Wirkung haben, als die Ballaststoffe selbst, bzw. ihre Wirkung verstärken.

Wenn man zu wenig Ballaststoffe isst...

Isst man zu wenig Ballaststoffe, verbleiben ausscheidungspflichtige giftige Abbauprodukte zu lange im Darm. Dadurch wird die Darmschleimhaut gereizt. Dies kann zur Entwicklung von Krebs führen. Infolgedessen tritt Darmkrebs besonders in den afternahen Darmabschnitten auf, dort, wo die Stuhlbewegung am langsamsten ist. Außerdem wird die Bildung von Fäulnisbakterien gefördert, was wiederum zu Blähungen und übelriechenden Stühlen führt.

Wie erreicht man einen hohen Ballaststoffanteil in der Nahrung?

Wie schon an anderen Beispielen erläutert, ist hier wiederum eine vielseitige, vorwiegend pflanzliche Ernährung mit viel Abwechslung gefragt, da die Ballaststoffe in den einzelnen Lebensmitteln unterschiedlich zusammengesetzt sind und die jeweiligen Wirkungen variieren. Durch den Wechsel der Nahrung wird sichergestellt, dass man eine Mischung der unterschiedlichen Bestandteile und Wirkungen bekommt.

Über 10 g Ballaststoffe in 100 g Lebensmittel enthalten z. B.: Weizenkleie (Vorsicht: 2–3 EL Weizenkleie erfordern eine Flüssigkeitsaufnahme von 250 ml zusätzlich!) mit 42,4 g, weiße Bohnen in getrockneter Form 17,0 g, trockene Erbsensamen 16,5 g und Linsen mit 10,7. Knapp unter 10 g liegen mit 9,5 g noch die Kichererbsen.

Weizen als ganzes Korn weist 10,9 g Ballaststoffe auf, das daraus hergestellte helle Mehl (Type 405) nur noch 4,0 g. 100 g Weizenvollkornbrot hat 7,5 g Ballaststoffe, Weißbrot etwas weniger als die Hälfte (3,5 g).

Wenn Sie von einer bisher ballaststoffarmen auf eine ballaststoffreiche Ernährung umstellen wollen, dann sollte dies allmählich geschehen, damit sich der Darm und die entsprechenden dazugehörigen Mikroorganismen daran gewöhnen können. Mögliche anfängliche Magen-Darm-Beschwerden, wie Blähungen, legen sich in aller Regel bald wieder. Denken Sie auch daran, reichlich Flüssigkeit zu sich zu nehmen – die braucht man bei einer derartigen Ernährung. Am besten stellen Sie auf eine ballaststoffreiche Ernährung um, indem Sie helles Mehl gegen Vollkornmehl austauschen, mehr Getreide und Getreideprodukte essen, reichlich Gemüse, Hülsenfrüchte, Kartoffeln, Keimlinge, Salat und Obst verzehren.

Die positive Wirkung von Ballaststoffen kann man fördern, indem sie im Rahmen der Zubereitung und des Kauens stark zerkleinert werden. Dadurch wird die Oberfläche größer und Bakterien können besser „angreifen".

Welche Krebsarten werden durch hohe Ballaststoffzufuhr beeinflusst?

Man weiß, dass das Risiko an Dickdarmkrebs zu erkranken, um 40 % geringer ist, wenn man sich ballaststoffreich ernährt. Außer auf den Dickdarmkrebs haben Ballaststoffe auch eine Wirkung auf Brustkrebs. Je höher die Ballaststoffaufnahme, desto geringer ist die Sterblichkeitsrate für diesen Tumor. Dieser Zusammenhang zeigt sich besonders deutlich bei Frauen nach dem Wechsel. Offensichtlich wirken die Ballaststoffe auf den Östrogenspiegel, indem das Hormon an die Ballaststoffe gebunden und ausgeschieden wird. Jedoch besteht auch die Möglichkeit, dass Phyto-Östrogene (pflanzliche Östrogene) gemeinsam mit Ballaststoffen vorkommen und so den Östrogenstoffwechsel beeinflussen. Leider wurde die Auswirkung der Ballaststoffaufnahme auf andere Krebsar-

Gemüse hat viele Ballaststoffe

ten kaum untersucht. Die wenigen vorhandenen Daten lassen jedoch vermuten, dass auch bei anderen Tumoren ein Zusammenhang besteht.

IV.4 Vitamine und Mineralstoffe

Wie Sie gelesen haben, wirken Obst und Gemüse krebsvorbeugend. Dies liegt auch an den darin enthaltenen Vitaminen und Mineralstoffen. Von den Vitaminen A, B_1, C und E ist diese Schutzwirkung bekannt.

Die heutige Lebensweise (Stress, ungesunde fett- und fleischreiche Ernährung, Umweltschadstoffe) führt dazu, dass im Körper die gefürchteten „freien Radikale" (s. Anhang/Lexikon) entstehen. Da diese Substanzen krebsauslösend wirken können, raten biologisch orientierte Krebsärzte daher zur zusätzlichen Aufnahme von Radikalenfängern mit der Nahrung – durch Auswahl von Lebensmitteln, die bekannterweise viel davon enthalten. Dazu gehören bestimmte Vitamine und Mineralstoffe. Die angeratenen Dosierungen sind dabei oft höher als die Empfehlungen der Deutschen Gesellschaft für Ernährung e. V. (DGE). So raten sie bei Selen zum doppelten bis dreifachen der üblichen Dosis und auch bei Vitamin C wird über die übliche Empfehlung von 100 mg auf 150 mg täglich aufgestockt. Auch für Vitamin E empfiehlt man eine Erhöhung auf 30–60 mg statt 12–15 mg. In verschiedenen Studien zeigte sich, dass die Häufigkeit von Erkrankungen der Lunge, der Brust, des Magens, des Darms und der Prostata durch diese Maßnahme um bis zu 50 Prozent gesenkt werden konnte.

Welches Vitamin wirkt nun in dieser Form und welche Möglichkeiten gibt es außerdem, in das Krebsgeschehen einzugreifen?

Ein Grund für die krebsvorbeugende Wirkung der Vitamine A, C und E ist ihre „antioxidative" Wirkung (siehe Anhang/Lexikon). Von Vitamin A bzw. seiner Vorstufe, dem Provitamin A, wissen Sie bereits von dieser Eigenschaft durch das Kapitel über sekundäre Pflanzenstoffe. Aber auch die Vitamine E und C haben diese Eigenschaft. Von Vitamin E weiß man z. B., dass es bei hohen Sauerstoffkonzentrationen, wie dies z. B. in der Lunge der Fall ist, als Radikalenfänger (s. Antioxidantien, Lexikon) wirkt. Vitamin C kann zerstörtes Vitamin E wieder reaktivieren.

Vitamin C verhindert nicht nur die Nitrosaminbildung

Vitamin C hemmt durch seine antioxidative Wirkung z. B. die Reaktion, die zu Nitrosaminen im Magen führt, vorausgesetzt, es wird mit dem Nitrat gleichzeitig und in höherer Dosierung aufgenommen. Deshalb wird immer wieder geraten, Vitamin-C-reiche Lebensmittel beim Genuss von gegrillten Speisen zu essen. Hier wäre z. B. rote Paprika zu erwähnen oder Kiwi und Orangen als Nachspeise.

Man vermutet auch, dass Vitamin C die Entwicklung von tumorauslösenden Viren eindämmen kann. Auch das Wachstum mancher Tumorzellen scheint es direkt zu unterdrücken.

Vor welchen Krebsarten schützen die Vitamine?

Bei Versuchstieren wurde die Krebsentwicklung mit Hilfe von Vitamin A gehemmt und Vorstufen von Magen- oder Speiseröhrenkrebs bildeten sich sogar mit seiner Hilfe zurück.

Vitamin C schützt unter anderem auch vor Krebs im Rachenraum, generell vor Krebserkrankungen des Verdauungstraktes und der Bauchspeicheldrüse. Personen, die täglich rund 300 mg Vitamin C mit der Nahrung – und nicht in Tabletten- oder Pulverform – aufnehmen, das entspricht immerhin einem Verzehr von etwa 6 Orangen oder zwei rohen, roten Paprikaschoten – haben ein um die Hälfte verringertes Risiko, an Magenkrebs zu erkranken, gegenüber Personen, die nur 100 mg, also den empfohlenen Tageswert – aufnehmen. Jedoch darf die Rolle des Beta-Carotins hier nicht vergessen werden, das mit dem Obst und Gemüse zusätzlich zum Vitamin C konsumiert wird.

Vitamin E scheint mit oder ohne Selen vor Harnblasenkrebs zu schützen. Vitamin D hat in Verbindung mit und ohne Calcium (aus Milch und ihren Produkten) eine Schutzwirkung gegenüber Krebs.

Künstliche Vitamine und Mineralstoffe helfen nicht!

Wichtig ist jedoch auf alle Fälle, dass die Aufnahme einzelner Vitamine und Mineralstoffe weit weniger zur Krebsvorbeugung beiträgt, als wenn die Vitamine im natürlichen Verbund in Form von Gemüse und Obst gegessen werden. So zeigen dunkelgrüne Gemüsearten, Kohlgemüse und generell Gemüse eine stärkere schützende Wirkung vor Lungenkrebs als die Vitamine A, C und Folsäure in isolierter Form eingenommen.

Diese Sachlage stellt sich noch einmal in anderem Licht dar, wenn ein Mangel an Vitamin C und E vorliegen – dies wiederum verstärkt die Häufigkeit der Krebserkrankung.

Dass isolierte Wirkstoffe nicht zur Krebsvermeidung beitragen oder keine krebsvorbeugende Wirkung haben, lässt sich so erklären: Die Wirkstoffe – also in diesem Falle die enthaltenen Vitamine oder Mineralstoffe – wirken miteinander oder in Kombination mit anderen Inhaltsstoffen. Entweder sie ergänzen sich in der Wirkung oder verstärken sich gegenseitig darin. Vermutlich sind es sekundäre Pflanzenstoffe, die mit den Vitaminen und Mineralstoffen gemeinsam die Wirkung hervorrufen. So weiß man, dass sekundäre Pflanzenstoffe die antioxidative Wirkung der Vitamine A, C und E um ein Vielfaches übertreffen und steigern können. Aber auch Vitamin C und E können zusammenwirken, um die gesundheitsschädliche Wirkung von „Radikalen" (s. „Antioxidantien" Anhang/Lexikon) zu verhindern.

Vitamin C in Fruchtsäften wird durch die natürlich enthaltenen Flavonoide vor Sauerstoffanlagerung geschützt, ein Effekt, der hilft, Vitamin C zu sparen.

Mineralstoffe

Mineralstoffe sind weit weniger empfindlich als Vitamine und einige von ihnen sind bekannt dafür, dass sie helfen, Krebs zu vermeiden. Hitze und Licht stören sie wenig. Um reichlich Mineralstoffe im Essen zu haben, muss man jedoch auf die Zubereitung achten. Durch langes Wässern oder Kochen von Gemüse in viel Wasser, können sie ausgewaschen werden und stehen dann dem Organismus nicht mehr zur Verfügung. Auf derartige Verfahren wird demzufolge im Rezeptteil völlig verzichtet. Wenn Sie Spargel, Blumenkohl etc. kochen, können Sie das Kochwasser, das die ausgewaschenen Mineralstoffe enthält, als Suppengrundlage verwenden. Von einigen Mineralstoffen ist eine Anti-Krebs-Wirkung bekannt.

Calcium

Calcium hat offensichtlich einen Anti-Krebs-Effekt. Sie finden sehr viel davon in Hartkäse, wie Emmentaler, aber auch in Milch und zum Teil in ihren Produkten, außerdem in Hafer, Soja, Grünkohl, Haselnüssen Mandeln und Sesam. Calcium bindet im Darm aggressive Gallensäuren und bestimmte schädigende Fettsäuren. Möglicherweise hemmt es auch das Wachstum von Krebszellen im Darm. Jedenfalls weiß man, dass eine ausreichende Calciumzufuhr vor Dickdarmkrebs schützen kann.

Sogar Calcium findet man in Nüssen

Auch Mineralstoffe können antioxidativ wirken

Aber auch Selen und Zink wirken durch ihre antioxidative Eigenschaft als Anti-Krebs-Mittel. Sie finden die beiden Mineralstoffe vor allem in Fisch, Milch- und Vollkornprodukten, Eiern und Nüssen.

Eisen, Zink, Kupfer, Mangan und Selen sind wichtige Substanzen, ohne die die antioxidative Wirkung von manchen Enzymen nicht möglich wäre.

Selen

Selen gehört zu den Spurenelementen und wirkt zum einen als Bestandteil von Enzymsystemen als Antioxidans. Es gibt jedoch Hinweise, dass es auch ganz alleine diese Funktion wahrnehmen kann. Man weiß, dass Selenmangel das Risiko erhöht, an Krebs zu erkranken. So findet man in Regionen mit selenarmen Böden häufiger Dickdarmkrebs. Selen findet man z. B. in Fisch, Fleisch, Nüssen, Soja, Getreide und Ei.

IV.5 Sonstige

Ansonsten haben noch bestimmte Fette, die die bekannten Omega-3-Fettsäuren enthalten, einen Anti-Krebs-Effekt. Man findet Omega-3-Fettsäuren z. B. in Fischöl, fetten Meeresfischen wie z. B. Makrele, Hering und Lachs sowie in Leinöl, Walnuß-, Raps-, Soja- und Weizenkeimöl sowie in grünen Blättern und Gemüse. Die Daten über ungesättigte Fettsäuren und ihre Anti-Krebswirkung sind widersprüchlich. So kann man nachlesen, dass Omega-3-Fettsäuren nur krebsvorbeugend wirken, wenn sie von Fischen kommen. Jedoch scheint auch das an ihnen reiche Leinöl Krebs entgegenzuwirken.

Leinöl erhalten Sie in Bioqualität im Naturkostfachgeschäft

V Früherkennung ist wichtig!

Früherkennungsuntersuchungen

„Je früher ein Krebs entdeckt wird, desto größer sind die Heilungschancen", so kann man im Vorwort einer Gesundheitszeitschrift aus der Apotheke lesen. Das stimmt: Wird der Tumor früh erkannt, steigen die Chancen auf eine vollständige Heilung bei einigen Krebsarten wie z. B. Dickdarm-, Prostata- und Gebärmutterhalskrebs auf 95 %. Auch sind die notwendigen Behandlungsmaßnahmen problemloser und weit weniger belastend, wenn der Krebs früh statt in einem fortgeschrittenen Stadium erkannt wird. Und um den Krebs früh zu erkennen, sind Vorsorgeuntersuchungen und eine Eigenbeobachtung erstes Gebot.

Krebsfrüherkennung bei Frauen

Das gilt bei Frauen vor allem für die jährliche Krebsvorsorge beim Frauenarzt, in dessen Rahmen auch die Brust abgetastet wird. Ab 45 sollte eine Mammographie – also die Röntgenuntersuchung der Brust – dazugehören. Bösartige Veränderungen sind damit schon in einem sehr frühen Stadium – bevor man sie ertasten kann – erkennbar.

Bei Risikopatientinnen (s. Kap. I.6), finanziert die Krankenkasse auch eine Basis-Aufnahme ab dem 35. Lebensjahr als Vergleichsmöglichkeit für später. Zwischen dem 40. und 50. Lebensjahr kann man die Mammographie dann alle zwei Jahre, ab dem 50. Geburtstag jährlich wiederholen lassen.

Auch eine Ultraschalluntersuchung, die vorwiegend zur Abklärung unklarer Mammographie-Befunde eingesetzt wird, und vor allem die Selbstbeobachtung ist wichtig, in deren Rahmen auf Veränderungen der Brust geachtet wird. Einmal im Monat sollte man sich dafür vor den Spiegel stellen. Dass 80 % der Frauen den Tumor selbst entdecken, zeigt, wie wichtig die Eigenbeobachtung ist. Lassen Sie sich von Ihrem Frauenarzt anleiten, wenn Sie die **jährliche Früherkennungsuntersuchung** durchführen lassen. Und diese Maßnahmen helfen: Werden Knoten bis zu zwei Zentimetern Durchmesser entfernt und passiert anschließend 10 Jahre nichts, gilt die Frau als geheilt. Werden kleinere Veränderungen bereits durch die Mammographie erfasst, liegen die Heilungschancen bei 95 %.

Neben dem Abtasten der Brust wird bei der jährlichen Vorsorge ein Gebärmutterhals-Abstrich angefertigt, der auf Zellveränderungen untersucht wird.

Der Gebärmutterhalskrebs ist weltweit der dritthäufigste bösartige Tumor bei Frauen. 7000 Frauen erkranken in Deutschland jedes Jahr daran, 2000 sterben. Dabei entwickelt er sich so langsam, dass durch die jährliche Krebsvorsorge Zellveränderungen sogar im Vorstadium, zumindest jedoch im Frühstadium entdeckt werden können. Dann liegt die Heilungschance bei über 90 % – und: das Organ kann zumeist erhalten werden – der Krebs wird kurzerhand herausgeschnitten.

Empfohlen wird diese Vorsorgeuntersuchung ab dem 20. Lebensjahr. Bei Frauen mit frühen sexuellen Aktivitäten auch schon vorher.

Alarmzeichen für die Krebsform sind Blutungen nach dem Geschlechtsverkehr und rötlich verfärbter, übelriechender Ausfluss.

Leider ist der Eierstockkrebs nicht so leicht festzustellen. Unspezifische Symptome wie Drücken oder Ziehen im Unterbauch können ein Hinweis sein und man kann sich mit einer Ultraschalluntersuchung Gewissheit verschaffen.

Krebsfrüherkennung bei Männern

Bei Männern wird eine **jährliche Früherkennungsuntersuchung ab dem 45. Lebensjahr** empfohlen, um **Prostatakrebs** rechtzeitig festzustellen. Diese Krebsform ist im frühen Stadium fast immer heilbar, auch wenn es manchmal zu Beeinträchtigungen – z. B. des Blasenschließmuskels – kommen kann. In höherem Alter reicht es jedoch unter Umständen, den langsam wachsenden Tumor lediglich sorgfältig zu beobachten.

Hodenkrebs ist im Frühstadium gut heilbar, deshalb sollten sich Männer einmal im Monat selbst untersuchen. Wenn beim Abtasten schmerzfreie Schwellungen, Verhärtungen oder Knoten entdeckt werden oder auch Schmerzen bei der Selbstuntersuchung auftreten, sollte Mann schleunigst den Weg zum Arzt antreten.

Hautkrebsvorsorge

Auch bei **Hautkrebs** sollte man extrem vorsichtig sein. Insbesondere Personen, die mehr als 40 Pigmentmale am Körper haben, was häufig auf zahlreiche Sonnenbrände in der Kindheit zurückzuführen ist, sollten sich regelmäßig selbst gründlich untersuchen und sich vom Partner dabei unterstützen lassen. Bei Frauen ist eine Kontrolle der Beine besonders wichtig, bei Männern der Rücken. Mindestens einmal jährlich sollte die Haut vom Hautarzt untersucht werden. Leider bezahlen das nicht alle Krankenkassen (im Jahr 2002 zahlten z. B. die Betriebskrankenkassen – Nachfragen lohnt sich). Ein Fakt, der teure Folgekosten hat und dringendst einer politischen Änderung bedarf, um sich nicht dem Vorwurf auszusetzen, dass unseren Oberen das Leben vieler Menschen schlichtweg egal ist.

Wird der Hautkrebs früh entdeckt, hat man eine reale Chance, gesund zu werden. Später wird es schwierig.

Darmkrebs

Diese Krebsform tritt zumeist erst bei über 60-Jährigen auf. Um dieser Krebsform vorzubeugen ist a) auf die Ernährung zu achten, b) falls Polypen auftreten, diese möglichst entfernen lassen und c) ab dem 45. Lebensjahr am jährlichen Krebsfrüherkennungsprogramm teilzunehmen. Hier finanzieren die Kassen ein Austasten des Enddarms und einen Labortest auf unsichtbares Blut (Hämoccult-Test – häm = Blut; occult = verborgen, das heißt mit bloßem Auge nicht sichtbar) im Stuhl.

Man nimmt an, dass bei regelmäßiger Durchführung des Tests die Darmkrebssterblichkeit um ein Drittel gesenkt werden könnte. Dies insbesondere, da es 10–15 Jahre dauert, bis sich der Darmkrebs gebildet hat. Erkennt man den Tumor früh genug, so liegt die Heilungschance bei 90 %. Leider nehmen nur 15 % der berechtigten Männer und 30 % der Frauen diese Chance zur Früherkennung wahr.

Generell bieten die Krankenkassen derzeit folgende Früherkennungsuntersuchungen an:

Frauen:

- Vom Beginn des 20. Lebensjahres: jährlich: Untersuchung der äußeren und inneren Geschlechtsorgane mit Schleimhautabstrich des Gebärmuttermundes
- Ab 30. Lebensjahr: Brustuntersuchung
- Ab 45. Lebensjahr: Untersuchungen des Enddarms und zusätzliche Risikofaktoren

Männer:

- ab 45. Lebensjahr: Untersuchungen des Dickdarmes, der Prostata und äußere Geschlechtsorgane, Abtasten der Leistenlymphknoten

Beide Geschlechter:

- ab 45. Lebensjahr Kontrolle auf nicht sichtbares Blut im Stuhl
- jährliche Hautuntersuchungen (Hautscreening, nur bei privaten und Betriebskrankenkassen)

- alle Versicherten ab dem 50. Lebensjahr haben die Möglichkeit, ihren Stuhl jährlich einmal auf verborgenes Blut untersuchen zu lassen. Ab dem 56. Lebensjahr können sie sich entweder für eine Spiegelung des gesamten Dickdarmes (Koloskopie), oder für die weitere Untersuchung des Stuhles auf verborgenes Blut (alle zwei Jahre) entscheiden. Die Darmspiegelung kann der Patient nach zehn Jahren wiederholen lassen.

Weitere Untersuchungen können von den Kassen bezahlt werden, wenn es dafür eine medizinische Begründung durch einen Arzt gibt. Viele Versicherungstarife von Privatkrankenkassen sehen darüber hinaus gezielte Vorsorgeuntersuchungen, und zwar ohne konkrete Diagnosen und Altersbeschränkungen, vor. Manche Krankenkassen bieten zusätzlich Ernährungsberatungen an, auch um wirkungsvoll abzunehmen. Erkundigen Sie sich über die speziellen Bedingungen bei Ihrer Krankenkasse.

VI Sorglos und gut essen, aber wie?

VI.1 Essen früher und heute – die gute alte Zeit?

„Die gute alte Zeit" gab es beim Essen tatsächlich. Es ist noch nicht so lange her, da wurde maximal einmal in der Woche Fleisch gegessen. Viel Kartoffeln, einheimisches Obst und Gemüse der Saison standen auf dem Speisezettel. Mehr konnte sich die Durchschnittsbevölkerung auch nicht leisten. Entsprechend wenig Zivilisationskrankheiten wie z. B. krankhaftes Übergewicht, Herzkrankheiten, Diabetes, Krebs und Gicht waren zu beobachten. Dazu kam in der Regel schwere körperliche Arbeit, d. h. Bewegungsmangel war den Menschen fremd. Wenn ernährungsbedingte Krankheiten auftauchten, so waren es zumeist Vitamin- und Mineralstoffmangel, vor allem in der armen Bevölkerungsschicht.

Dagegen hatte die reiche Schicht dieselben Probleme wie wir heutzutage: Die berühmt-berüchtigten Zivilisationskrankheiten hatten diejenigen, die sich auch Weißbrot, Süßigkeiten und Alkohol leisten konnten, mit den entsprechenden Folgeerscheinungen. Ludwig der XIV. hatte sich sogar alle seine Zähne ziehen lassen, die vermutlich großenteils kariös waren, um seinen Beschwerden abzuhelfen. Sein Arzt wusste es nicht besser und bescherte dem „armen" König für sein restliches Leben flüssiges Essen.

Im Krieg mussten viele hungern und danach war hauptsächlich ein Wunsch zu spüren: stets und reichlich zu essen haben. Entsprechend wird bei vielen, gerade älteren Personen, der Wert eines Essens an der Menge gemessen – nicht an der Qualität. Gut gegessen = viel gegessen. Als man infolge der Massentierhaltung auch noch täglich Fleisch genießen konnte – so wie die Reichen eben – schien „alles in Butter". Die Lebensmittel wurden immer billiger und kaum jemand fragte warum. Dass dies beim Fleisch nur mit grausamer Tierquälerei erreicht werden konnte, und bei den restlichen Lebensmitteln oft genug dadurch, dass man – verborgen durch Chemie – teure Inhaltsstoffe durch billige ersetzte, interessierte und interessiert nur wenige. Hinzu kam, dass es Frauen dank der Haushaltsgeräte und besserer Allgemeinbildung auch möglich wurde, gegen Lohn zu arbeiten. Waren obendrein Kinder zu versorgen, artete das in die bekannte Hektik und Hetze aus. Zum Kochen blieb wenig Zeit.

Zudem wurde einer Frau dafür, dass sie die Familie gut versorgte, bis in unsere Zeit ein negatives Image aufgeprägt. Die Feststellung: „Ich bin nur Hausfrau", wird als Manko angesehen, ohne zu erkennen, dass dies für die Gesellschaft sehr wichtig wäre. Ganz abgesehen davon, dass man sich das „nur Hausfrau" sein, wunderbar teilen könnte – die Schweden gehen hier mit leuchtendem Beispiel voran. Bei uns ist das nicht so, und das hat entsprechende Folgen: Fast food ist „in", Fertiggerichte der Trend. In spätestens 5 Minuten sollte eine Mahlzeit auf den Tisch kommen. Klar, dass dann kaum frische und vitamin-, mineralstoff- sowie ballaststoffreiche Lebensmittel auf den Teller gelangen. Also hilft man sich mit functional food, das heißt mit Nahrung, die mit Vitaminen, Mineralstoffen und sonst als gesund angesehenen Inhaltsstoffen angereichert ist. Dann lebt man wieder gesund. Meint man. Die Krankheitsstatistiken sprechen eine andere Sprache. Ein Drittel der Bevölkerung ist übergewichtig und die Zahnärzte leben sehr gut von den vielen Süßigkeiten, die vor allem „die Kleinen" bekommen.

Dass es auch anders geht, sehen Sie an den folgenden Kapiteln und den vielen schnellen und köstlichen Rezepten dieses Buches.

VI.2 Was ist wirklich gesund und dient der Krebsvorsorge?

Es gibt ganz klare Richtlinien für eine gesunde Ernährung: Die Vollwertkost. Die meisten ihrer Regeln dienen auch der Krebsvorsorge. Aber was ist Vollwertkost eigentlich?

Lecker und doch gesund – Möglichkeiten der delikaten Vollwertkost

Wie oft muss man sich als Vollwertköstler anhören, dass es „was Gescheites" zum Essen geben muss – worunter die Fordernden in Bayern beispielsweise Schweinebraten, Leberkäse, Weißwürste und Ähnliches verstehen. Schnell kommt man bei Vollwerternährung in Verdacht, ein „Körndlfresser“ zu sein, was immer das sein mag. Nun – was aber ist Vollwertkost? Ein Körndlfutter für übelgelaunte Asketen, die keine Freude am Essen haben? Oder schmeckt es einfach nur gut und ist trotzdem kerngesund?

Was ist eigentlich Vollwertkost?

Tatsächlich berücksichtigt die Vollwerternährung alle Gegebenheiten, die mit gesunder Ernährung zu tun haben. Alles, was dem Körper an Vitaminen, Mineralstoffen, Spurenelementen und sogenannten essentiellen Aminosäuren (Eiweißbausteine, die der Körper benötigt und nicht selbst bilden kann) zugeführt werden muss, erhält er damit. Aber auch die weltweiten Auswirkungen unseres Ernährungsverhaltens spielen eine Rolle.

Im Gegensatz zu manch anderen Gerüchten handelt es sich bei Vollwertkost weder um eine Ideologie noch um ein Dogma. Im Gegenteil: sie ist leicht zuzubereiten, gut bekömmlich, sobald man daran gewöhnt ist. Und wenn man damit umgehen kann, bzw. die richtigen Rezepte kennt – von denen Sie eine köstliche Auswahl im Rahmen dieses Kochbuches erhalten –, äußerst delikat. Sie verbietet nicht den Verzehr von Lebensmitteln, sondern empfiehlt bestimmten schadstoffarmen und nährwertreichen Lebensmitteln den Vorzug zu geben.

Der wichtigste Grundsatz ist: pflanzliche Lebensmittel bevorzugen!

Dabei versteht man unter einem hohen Nährwert Vitamin-, Mineralstoff- und Spurenelementreichtum zusätzlich zu den wirkungsvollen sekundären Pflanzenstoffen. Eine hohe Nährstoffdichte ist wichtig, nicht wie z. B. bei Zucker, der nur Kalorien, aber keinen Nährwert, also keine Vitamine, Ballast-, sekundäre Pflanzen- und Mineralstoffe sowie Spurenelemente enthält.

Pflanzen enthalten viele Heilstoffe, von denen wir mehr als 10.000 mit der Nahrung aufnehmen, etwa 1,5 g täglich. Und pflanzliche Lebensmittel zu bevorzugen, das empfiehlt die Vollwertküche. Sie rät zu Vollgetreide, frischem Gemüse, Salat, Obst, Kartoffeln und Hülsenfrüchte, eben zu Lebensmitteln mit hoher Nährstoffdichte – und wie Sie gelesen haben – vielen sekundären Pflanzenstoffen. Dabei handelt sich nicht um eine rein vegetarische bzw. vegane Kost. Das heißt: Es werden Milch und Milchprodukte gegessen, aber auch Fleisch, Fisch und Eier. Letztere spielen allerdings eine untergeordnete Rolle.

Fleisch hat die ideale Zusammensetzung an Aminosäuren (Eiweißbausteine) für den Menschen. Diese gesunde Eigenschaft kann man nutzen, indem man 1- bis 2mal, maximal jedoch 3mal pro Woche Fleisch isst. Darüber hinaus dient es nicht mehr Ihrer Gesundheit und fördert Darmkrebs. Dabei ist Geflügel oder Wild dem Verzehr von Schweine-, Rind- und Lammfleisch vorzuziehen.

70 % des täglichen Energiebedarfs aus dem pflanzlichen Bereich gewählt, bedeutet weniger Kalorien bei hoher Nährstoffdichte. Je frischer die Früchte und je natürlicher gewachsen, desto besser ihre Wirkung auf den menschlichen Organismus. Ganz offensichtlich haben Obst und Gemüse eines der größten Krebsvorsorgepotentiale, das die Wissenschaft kennt. Übertroffen wird diese Fähigkeit nur noch durch den Verzicht auf Rauchen.

Seit Jahrtausenden kennt man die heilende Wirkung von Obst und Gemüse!

Dass Pflanzen eine heilende und vorbeugende Wirkung vor Krankheiten haben, erkannten bereits die antiken Ägypter. Als heilende Pflanzen galten vor allem Kohlarten, Linsen und Zwiebeln. Bereits damals kultivierte man Gemüsearten aus der Familie der Kreuzblütler (dazu gehören z. B. Kresse, Senf, Kohl) und setzte sie therapeutisch ein. Rosinen und Trauben wurden für viele medizinische Zwecke verwendet. Knoblauch galt sogar als heilige Pflanze. Seine Wirkung gegen Bakterien war schon 1550 vor Christus bekannt. Von diesen heilenden Wirkungen wusste man nur durch Überlieferung und aus Erfahrung. Erst seit kurzer Zeit wird die schützende Wirkung von Gemüse und Obst auf die Gesundheit des Menschen wissenschaftlich untersucht.

Viel Obst und Gemüse = wenig Krebs

Dadurch fand man heraus, dass **ein hoher Verzehr von Gemüse und Obst die Krebshäufigkeit reduziert**. Z. B. ergab eine Untersuchung, dass Personen mit dem höchsten Verzehr an grünem Gemüse, Salat und verschiedenen Kohlarten ein um 52 % niedrigeres Darmkrebsrisiko hatten als Personen, die wenig davon aßen.

Insgesamt wurde wissenschaftlich nachgewiesen, dass ein hoher Verzehr von Gemüse und Obst das Krebsrisiko allgemein um mehr als 50 % reduziert! Dies wurde bei vielen Organen beobachtet: Magen, Dickdarm, Mastdarm, Lunge (auch unabhängig vom Rauchen), Bauchspeicheldrüse, Speiseröhre, Leber, Mundhöhle, Brust, Blase, Prostata und Kehlkopf – sie alle werden weitaus weniger von dieser Krankheit befallen, wenn man viel Obst und Gemüse isst. Und davon nehmen wir in Deutschland viel zu wenig zu uns: nur 90 kg Gemüse und ca. 100 kg Obst essen wir pro Jahr, bei Südländern liegt dieser Verbrauch bei 203 kg Gemüse und 123 kg Obst!

Frisches, unerhitztes Gemüse hat die stärkste Wirkung! Es hatte in 87 % aller Studien einen schützenden Effekt. Dabei ist die Hitzeempfindlichkeit der schützenden Substanzen in Obst und Gemüse unterschiedlich. Dementsprechend finden Sie in den Rezepten den Hinweis auf möglichst schonendes Garen bzw. dünsten. Das bedeutet für Sie: Der häufige Gang zum Einkaufen und das Achten auf möglichst frisches Gemüse zahlt sich für Sie und Ihre Familie wirklich aus.

Durch den Verzehr einer pflanzenreichen Nahrung führt man dem Organismus ständig kleine Mengen an cholesterinsenkenden und antioxidativ-wirkenden Substanzen mit einem hohen Gehalt an sekundären Wirkstoffen sowie ballaststoffreichen Wirkstoffen zu.

5 am Tag

Vor Jahren begann in den USA und anderen europäischen Ländern die erfolgreiche Ernährungskampagne „Five a Day", was bedeutet, dass man 5 mal am Tag Obst und Gemüse essen und der fleisch- und wurstbetonten heimischen Küche abschwören soll. Der Grund dafür war, dass Ernährungswissenschaftler feststellten, dass man bei häufigem Obst- und Gemüsegenuss nicht nur das Krebsrisiko in der Bevölkerung senken kann. Im Mai 2000 wurde diese Kampagne auch bei uns begonnen.

„5 am Tag" (Internetadresse s. Anhang) wird von einem Verein organisiert mit demselben Namen. Besonders wichtig ist dem Verein, dass Kinder und Jugendliche an gesundheitsbewusstes Essen herangeführt werden, Motto: „Obst

5 mal am Tag Obst und Gemüse essen – der Lebensqualität zuliebe

und Gemüse sind cool" und machen gesund und fit. Dabei zählt nicht jedes Obst und Gemüse zu der 5er Gruppe. Folgendes gehört dazu: Obst- und Gemüsearten, frisch oder nach Konservierung (Einfrieren oder Trocknen), Fettgehalt unter 3 g/100 g Lebensmittel, Zuckergehalt unter 30 %, Säfte mit 100 % Fruchtanteil und Saftkonzentrate.

Das Tagesziel lautet: Ca. 600 g Obst und Gemüse/Tag, um sich den vollen Schutzeffekt geballter Pflanzeninhaltsstoffe zu sichern, davon 3 Portionen Gemüse und 2 Portionen Obst.

Dabei ist eine Portion eine Handvoll Obst, z. B. ein Apfel oder eine Banane, bzw. zwei Handvoll Beeren, bzw. ein Glas Gemüse- oder Obstsaft. Bei Gemüse: eine Handvoll Gemüse, bei geputztem und zerkleinertem Gemüse zwei Hände voll.

Das Ganze möglichst bunt und gemischt – die berühmten Farben des Regenbogens: rote Himbeeren, gelbe Rüben, blaue Heidelbeeren, orangene Apfelsinen, grüne Paprika und Spinat. Mit dem vorliegenden Buch schließe ich mich dieser Kampagne an – in diesem Fall in erster Linie, um Krebs vorzubeugen, entsprechend dem alten Satz von Hippokrates:

> **„Lasst unsere Nahrungsmittel unsere Heilmittel sein, lasst unsere Heilmittel unsere Nahrungsmittel sein.“**

Was gehört noch zu einer vollwertigen Ernährung?

- Alle Lebensmittel, die man zu sich nimmt, sollten **möglichst wenig verarbeitet und erhitzt, also schonend zubereitet und damit so natürlich wie möglich** sein.
  Damit werden gleichzeitig Vitamine geschont und Mineralstoffe bleiben erhalten. Das bedeutet z. B. weißes Auszugsmehl ohne Keimling durch Vollkornmehl ersetzen.
- **Ungefähr die Hälfte der Lebensmittel wird als unerhitzte Frischkost gegessen.** Ballaststoffe und Vitamin C sind damit garantiert. Im Winter gibt es oft nicht viel Frischkost. Dem kann man mit Keimlingen abhelfen.
- **Lebensmittelzusatzstoffe vermeiden.**
  Dies geschieht am besten durch Vermeiden von Fertigkost und durch Genuss von Biolebensmitteln – denn hier sind nur 36 der mit E-Nummern bezeichneten Zusatzstoffe erlaubt. Das erspart knapp 300 andere.
- **Produkte aus der anerkannten kontrolliert-ökologischen Landwirtschaft** (s. Kap. III.1 c und III.2) **werden bevorzugt.** In „Gesunde Ernährung bei Krebs“ steht folgerichtig: „Produkte aus ökologischem Anbau haben meist die bessere geschmackliche und ernährungsphysiologische Qualität, geringere Rückstandsmengen und bessere Umwelt- und Sozialverträglichkeit.“
- Gemüse, Salat und Obst **möglichst aus der Region**.
  Damit erspart man sich Hormone im Fleisch, Pestizide und Zusatzstoffe, die nur außerhalb der Bundesrepublik eingesetzt werden dürfen, und Schadstoffe, die beim Transport der Ware entstehen. Wenn Ware aus dem Ausland, dann besser aus den EU-Ländern und der Schweiz. Hier dürfen viele Pestizide, darunter auch krebserregende, nicht eingesetzt werden. Die Schweiz hat sogar die künstliche Vitaminisierung von Babynahrung wieder abgeschafft, bei uns ist das leider noch gesetzlich vorgeschrieben (siehe „Essen ohne Risiko“, Umschau-Verlag).
- **Saisonal genießen**, d. h. Nahrungsmittel der Jahreszeit entsprechend verzehren.

- **Aufwändige Lebensmittelverpackungen werden vermieden**
- **Umweltverträgliche Technologien werden gefördert.**

Finden Sie, dass diese Anforderungen einem die Freude am Essen verderben? Sicherlich nicht. Denn: ist es nicht allein schon ein Genuss, beim Essen nicht an Pestizide, Nitrat, Tierquälereien, Viehtransporte, Hormone, Rinderwahnsinn, Bestrahlung oder Gentechnik denken zu müssen?

Für manchen mag es schwierig sein, auf sein tägliches Fleisch zu verzichten. Nun, beginnen Sie langsam und allmählich mit einem fleischlosen Tag (auch Mehl- oder Süßspeisen gehören dazu).

Dann zusätzlich wöchentlich einmal Seefisch, den man besonders schnell und kalorienarm zubereiten kann, dazu täglich frisches Obst, Salat und Gemüse. Als nächstes versuchen Sie es mit zwei fleischlosen Tagen.

Wenn Sie das einige Wochen durchgehalten haben, versuchen Sie es mit drei vegetarischen Tagen. Ist diese Hürde genommen, ist es schon fast selbstverständlich geworden nur noch 1 bis 2mal Fleisch pro Woche zu essen. Die Rezepte in diesem Buch helfen, sich gerne und mit Lust und Freude umzustellen.

Bei vielen Leuten hört man dann: Ich habe nicht die Zeit, aufwändig zu kochen, und dafür ist die Vollwertküche schließlich bekannt! Nun, gerüchteweise habe ich das auch schon gehört. Darum habe ich Ihnen viele schnelle Rezepte ausgesucht, um diesem Vorurteil entgegenzuwirken.

Einige Zeit für die Umstellung zu benötigen, bedeutet ja noch nicht, ganz auf Vollwerternährung zu verzichten. Und Sie werden sehen: Wenn Sie erst einige gute Rezepte entdeckt haben, werden Sie das Fleisch nicht mehr vermissen. Und dann, nur dann kann der Umstieg auf Vollwerternährung dauerhaft Bestand haben. Sie sollen die Freude am Essen behalten und nicht verlieren.

VI.3 10 Goldene Regeln und Tipps zur krebsvorbeugenden Ernährung – krebsvorbeugend essen ist nicht schwer!

Um krebsvorbeugend zu essen brauchen Sie keine spezielle Diät. Abwechslungsreiche und fettarme Vollwertkost, die schmeckt und zu keiner Gewichtszunahme führt, ist der beste Garant, gesund zu bleiben.

Wie früher auch: Viel Obst und Gemüse, und das in allen Farben des Regenbogens – das ist die beste Art – nicht nur – der Krebsvorbeugung.

Kirschen und Aprikosen sind nicht nur gesund – sie helfen auch Krebs vorzubeugen

Zusammenfassend kann man 10 goldene Regeln der krebsvorbeugenden Ernährung auflisten, die helfen, die schreckliche Krankheit erst gar nicht zu bekommen:

Regel 1: Eine gesunde, vollwertige Mischkost bevorzugen: Abwechslung in der Wahl der Lebensmittel

Der Mensch benötigt Nährstoffe – Eiweiß, Fett, Kohlenhydrate, Vitamine, Mineralstoffe, Spurenelemente und Wasser, um gesund und leistungsfähig zu bleiben. Diese Nährstoffe sind in den Lebensmitteln in jeweils unterschiedlicher Menge und Zusammensetzung vorhanden. Leider fand sich bislang kein einziges Lebensmittel, in dem alle Nährstoffe entsprechend dem Bedarf enthalten wären. Daher ist eine ausreichende Versorgung nur dann gewährleistet, wenn vielseitig und abwechslungsreich gegessen wird. „Jede Einseitigkeit schadet auf die Dauer und schmälert den Genuss", meint die DGE (Deutsche Gesellschaft für Ernährung e. V.) und: „Gemüse, Obst, Brot, Milch und Milchprodukte, Fleisch, Fisch, Eier – die Auswahl ist für jeden Geldbeutel groß."

Durch die Abwechslung nehmen Sie eine ganze Palette der verschiedensten krebsvorbeugenden Substanzen zu sich.

Leider nehmen wir von den auf der Erde vorhandenen 50.000 – 100.000 essbaren Pflanzenarten nur noch 150 – 200 Arten zu uns. Zudem essen wir sehr wenig Gemüse. Die Vielfalt der mit der Nahrung aufgenommenen sekundären Pflanzenstoffe nahm im Laufe der Zeit gravierend ab – es wird Zeit, dass sich das wieder ändert und die Krebsrate wieder sinkt.

Regel 2: Zuviel ist leicht was: Auf das Gewicht achten!

Um Ihnen zu helfen, sind fast alle der aufgeführten Rezepte kalorienarm. Sie erkennen das am allenfalls geringen Fettgehalt, Milchprodukten mit geringem Fettanteil in der Trockenmasse (Fett i. d. Tr.), an Kuchen ohne Sahne etc. Zusätzlich sind besonders energiearme Rezepte mit dem Kürzel KA von „**K**alorien**A**rm“ gekennzeichnet.

Regel 3: Wenig Fett

Regel 4: Verschimmelte und angefaulte Lebensmittel wegwerfen. Zur Haltbarmachung am besten Kühlen oder Gefrieren

Regel 5: Achten Sie darauf, natürliche bioaktive Wirkstoffe, die krebsvorbeugend sind, zu essen, und verzichten Sie auf künstliche Präparate

Regel 6: Achten Sie auf reichlich Ballaststoffe

Regel 7: Täglich Frischkost und Vollkornprodukte

Regel 8: Richtig zubereiten

Regel 9: Sparsam mit Salz umgehen

Regel 10: Nicht rauchen (Tabakkonsum ist das Krebsrisiko Nr. 1!) und wenn überhaupt, dann nur wenig Alkohol

VII Zusammenfassung: Worauf muss man bei der Ernährung achten, um Krebs vorzubeugen?

„Mit richtiger Ernährung und einer bewussten Lebensweise können Sie fast allen Krebsarten vorbeugen", so Stiftung Warentest und so fasst es Prof. Dr. Dr. h. c. mult. Harald zur Hausen (Vorsitzender und wissenschaftliches Mitglied des Stiftungsvorstandes des Deutschen Krebsforschungszentrums Heidelberg) zusammen: Durch gesunde Ernährung, verbunden mit körperlicher Bewegung und der Vermeidung von Übergewicht könnte die Anzahl von 340.000 Krebs-Neuerkrankungen in der BRD um 97.000–132.000 Krebsfälle gesenkt werden.

Aufgrund der vorliegenden wissenschaftlichen Daten, die in Zukunft voraussichtlich noch zahlreicher werden, ist die überzeugende krebsvorbeugende und -hemmende Wirkung der bioaktiven Wirkstoffe sowie der Vitamine- und Mineralstoffe deutlich geworden.

Dabei ist eines klar: Die schützende Wirkung ist nur dann optimal, wenn man ausreichend mit den entsprechenden Nährstoffen wie Vitaminen, Mineralstoffen und Spurenelementen versorgt ist. Ein Mangel daran schwächt den Körper. Eine überwiegend pflanzliche, vollwertige Ernährung gewährleistet die Zufuhr an allem, was der Körper benötigt. Automatisch führt man seinem Körper durch eine derartige Ernährung weniger tierische Fette und Eiweiß zu, was sich positiv auf die Vorbeugung von Krebs auswirkt. Ernährt man sich vollwertig, verzehrt man weniger tierische Fette als bei einer üblichen Mischkost und beugt dadurch nicht nur Krebs vor, nein, man schützt sich auch vor Herz-Kreislauf-Erkrankungen und anderen ernährungsbedingten Krankheiten.

Der Genuss von einzelnen, isoliert in höheren Konzentrationen zu sich genommenen sekundären Pflanzenstoffen ist gesundheitlich nicht unbedenklich. Also bleibt der Verzehr vorwiegend pflanzlicher Lebensmittel der sicherste Weg, um die schützenden Wirkungen von sekundären Pflanzenstoffen sowie der übrigen bioaktiven Substanzen für sich nutzbar zu machen.

Ein gesundes Frühstück sieht z. B. so aus: Orangenmüsli mit Apfel, dazu eine Tasse Grüner Tee und ein frisch gepresster Orangensaft, als Zwischenmahlzeit eine Heidelbeerquarkcreme. Mittagessen mit einer Fischsuppe mit Zucchini und Tomaten, Gemüsepasteten mit Reis, Erbsen und Karotten, als Nachspeise ein Erdbeereis. Zum Kaffee ein Stück Erdbeer- oder Möhrenkuchen und abends gefüllte Tomaten mit Salat.

Zusammenfassung

Da auch die Lebensweise das Krebsrisiko beeinflusst, empfehlen Wissenschaftler zusätzlich:

- **sich regelmäßig zu bewegen**

Treibt man Sport, benötigt man mehr Energie. Damit kann man das Risiko von Übergewicht senken. Durch den erhöhten Energieverbrauch benötigt man mehr Nahrung. Auf diese Weise können auch mehr schützende Substanzen aufgenommen werden. Außerdem fördert körperliche Aktivität die Verdauung und der Darminhalt kann dadurch nur kürzere Zeit auf die Darmschleimhaut einwirken.

Zudem wird bei körperlicher Aktivität der menstruelle Zyklus der Frau verlängert, es kommt zu weniger Östrogenproduktion und damit zu einer geringeren Krebsgefahr durch diese Hormone. Auch Eiweiße, die Östrogene binden, werden vom Sportler stärker gebildet. Das Immunsystem wird beeinflusst, indem die Makrophagenzahl und -aktivität erhöht wird, wodurch Krebszellen verstärkt inaktiviert werden. Und die Anzahl aktivierter Killerzellen, die sich ebenfalls um Krebszellen „kümmern“ bzw. diese unschädlich machen, nimmt zu.

Mindestens 2–3 mal wöchentlich mindestens 40 Minuten werden als unbedingt erforderlich angesehen. Das Deutsche Institut für Ernährungsforschung geht noch weiter: „Wer einer beruflichen Tätigkeit mit geringer körperlicher Aktivität nachgeht, sollte sich pro Tag mindestens eine Stunde lang körperlich bewegen und mindestens eine Stunde pro Woche eine intensive körperliche Tätigkeit ausüben.“

- **keinen Geschlechtsverkehr mit häufig wechselnden Partnern zu praktizieren**

- **längere direkte Sonneneinstrahlung zu meiden und ...**

man kann es auch so knapp zusammenfassen wie in der Broschüre des Deutschen Instituts für Ernährungswissenschaften:

- **mehr Gemüse und Obst,
abwechslungsreiche Mahlzeiten
und
viel Bewegung.“**

Zusammenfassung

Der nachstehende Plan wird Ihnen helfen, dieses Vorhaben schrittweise in die Tat umzusetzen.

Wochenplan

		MO	DI	MI	DO	FR	SA
Ernährung und Vorbeugung	Obst und Gemüse möglichst 5x am Tag						
	Täglich mindestens 1,5 Liter trinken						
	Fischgenuss mind. 1-2mal pro Woche						
	Fleischgenuss nur 1-2mal pro Woche						
Bewegung	2-3mal wöchentlich mindestens 40 Min.						

Mit dieser Ernährungs- und Lebensweise haben Sie nicht nur Chancen auf ein langes Leben, sondern auf ein Leben ohne Krebs. Eines sollten Sie bei der Anwendung der Tipps und dem Testen der Rezepte nicht außer Acht lassen:

Es muss Ihnen schmecken und Sie müssen sich dabei wohlfühlen. Manches ist vielleicht gewöhnungsbedürftig, aber bekömmlich muss es auf Dauer sein. Die Freude und der Genuss beim Essen ist wichtig.

In der Hoffnung, dass Ihnen alle Rezepte schmecken, wünscht Ihnen guten Appetit und das Beste für Ihre Gesundheit

Dr. Andrea Flemmer

Küchentechniken und -ausrüstung, Tipps und Tricks

Damit Sie manches in den Rezepten besser verstehen und sich leichter tun, folgende Tipps und Anregungen:

Geriebene Nüsse und Mandeln

In den Rezepten finden Sie öfters die Angabe „1–2 TL geriebene Mandeln oder Haselnüsse darüber geben". Jedes Mal ein bis drei Nüsse zu reiben ist mühsam. Geriebene Nüsse zu kaufen kann bedeuten, dass die lange haltbaren Nüsse mit Fungiziden (pilztötenden Substanzen) und anderen Chemikalien behandelt sind – sonst würden sie in dieser Form nicht lange halten. Daher besser folgender Tipp:

Größere Mengen Nüsse oder Mandeln mahlen und in 100 g-Portionen einfrieren. Jeweils eine Portion davon im Gefrierfach aufbewahren. Davon kann man problemlos ein bis zwei Teelöffel entnehmen und den Rest im Gefrierfach – unbehelligt von Schimmelpilzen – belassen.

Küchenmaschine

Wenn man Kuchen und evtl. sogar Brot backen will, ist eine stabile Küchenmaschine sehr wichtig. Hier bietet sich z. B. das Modell der Firma Kenwood (Chef classic für den Heimbetrieb, größere Geräte für die Profi- bzw. größere Küche gibt es ebenfalls) an, die im Fachhandel als stabiles und effektives Gerät empfohlen wird. Sie bietet mit ihrer Kräuter- und Gewürzmühle zusätzlich die Möglichkeit, kleine Mengen Weizen oder Dinkel (auch 10–20 g) etc. zu mahlen, so dass man sich nicht extra eine Getreidemühle anschaffen muss. Ein weiterer Vorteil: Das Gerät ist nicht aus Kunststoff gefertigt und deshalb sehr langlebig. Nach Herstelleraussage können Sie es sogar noch ihren Enkelkindern vererben.

Vanillezucker

In den Rezepten für Kuchen und Plätzchen finden Sie die Angabe: „1/3“ oder „1/2 Päckchen Bio-Vanillezucker“. Dahinter steht die Erfahrung, dass Sie bei Bio-Vanillezucker nur 1/3 bis maximal die Hälfte eines konventionellen Vanillezuckers benötigen. Das natürliche Vanillearoma ist intensiver als das künstliche, so dass sich die Anschaffung lohnt. Bio-Vanillezucker erhalten Sie im Naturkostladen oder Reformhaus (z. B. von der Firma Natura). Sie können jedoch auch Vanillemark oder -pulver verwenden.

Das Bratfett und Salatöl

Um krebsvorbeugend zu kochen, wird zum Braten generell hoch siedendes Fett vorgeschlagen, d. h. Olivenöl, Palm- oder Kokosfett. Da Leinöl als krebsvorbeugend gilt, wird es für Salate und andere unerhitzte Speisen vorgeschlagen. Von Distel- oder Maiskeimöl abgesehen, eignen sich auch preiswertere Öle wie Keimlings- oder Sonnenblumenöl.

Kräutersalz oder Gemüsebrühe statt reinem Kochsalz

Um den Kochsalzverbrauch zu verringern, ist es besser statt dessen Kräutersalz und gekörnte Gemüsebrühe zu verwenden. Sehr gut eignet sich hier z. B. das „Würzl Klare Suppe & Allzweckwürze“ der Firma Bruno Fischer (erhältlich in Bio-Qualität im Naturkostfachgeschäft). Sie können daraus blitzschnell eine Suppe herstellen oder das Produkt statt Salz einsetzen. Es hilft nicht nur Salz einzusparen, es schmeckt auch aromatischer. Auch Kräutersalz verringert die geschmacklich erforderliche Salzmenge. Manchen schmeckt es, anderen nicht, probieren Sie es einfach aus!

Der Schnellkochtopf

… ist heutzutage aus der schnellen Küche nicht mehr wegzudenken, auch wenn ihn einige Gourmets ablehnen. Bei manchen Speisen (z. B. Kartoffeln) braucht man nur etwa 2 cm hoch Wasser einzufüllen, den Einsatz direkt darauf geben und, sobald der Topf hochgeheizt und dicht ist, wieder ausschalten. Das spart Zeit und Energie. Auch das vorherige Einweichen von getrockneten Leguminosen (Hülsenfrüchte wie z. B. weiße Bohnen, Erbsen, Linsen …) spart viel Zeit und Energie, denn am nächsten Tag braucht man nicht mehr viel Kochzeit.

Bei kleinen Mengen hilft eine „Schnellkochpfanne“, die von selbst abdichtet. Sie werden in den Rezepten immer wieder den Vorschlag finden, das Gargut mit Wasser direkt in diese Pfanne zu geben, den Topf zu verschließen, hoch zu heizen und abzuwarten, bis das Gefäß dicht ist. Dann ausschalten und die Zeit, bis das Gemüse fertig ist, anderweitig nutzen. Eine zeit- und energiesparende Möglichkeit, ohne dass man auf die Uhr sehen muss, wann das Produkt fertig ist.

Der Zeitbedarf

Bei jedem Gericht ist der ungefähre Zeitbedarf für die Zubereitung angegeben. Ungefähr deshalb, weil man bei häufigem Zubereiten desselben Rezeptes schneller wird und manche mehr Zeit benötigen als andere. Dazu kommt noch die Kochzeit, währenddessen man jedoch andere Arbeiten erledigen kann (Spülmaschine aus- und einräumen, Tisch aufdecken ...). Die Zeit, die man nicht bei dem Gericht bleiben muss, ist deshalb zum endgültigen Zeitbedarf hinzuzurechnen, wenn man wissen will, wann das Gericht servierfertig ist. Die Gesamtzeit errechnet sich aus der angegebenen Kochzeit und der Arbeitszeit.
Schnelle Gerichte erkennen Sie an dem Symbol: S

KA – wie Kalorienarm

Da Übergewicht Krebs fördert, sind fast alle Gerichte kalorienarm.
Solche kalorienarmen Gerichte erkennen Sie am Symbol: KA

Abkürzungen

EL = Esslöffel, 1 EL entspricht 5 ml
TL = Teelöffel, 1 TL entspricht 2 ml

Abmessen von kleinen Mengen

Manche Zutaten werden in Mengen von 10 g, 15 g, 20 g ... zugegeben. Wenn man eine genaue Briefwaage hat, kann man diese Portionen noch genau abmessen. In der Regel will man sich so etwas jedoch sparen, daher erfahren Sie im folgenden, mit welchem Gewicht sie pro gestrichenem EL rechnen können:

10 g Mehl, 20 g Getreidekörner, 10 g Getreideflocken, 10 g Haferflocken, 20 g Sonnenblumenkerne, 10 g Butter, 15 g Crème fraîche, 15 g Joghurt, 25 g Sahne, 30 g Quark, 10 g Korinthen bzw. Sultaninen

Ein gestrichener TL entspricht ca.: 5 g Honig, 5 g Öl, 5 g Sesamsamen, 5 g Weizenkeime.

Keimlinge/Sprossen

Keimlinge können Sie kaufen oder selber ziehen. Letzteres hat den Vorteil, dass Sie die Samen monatelang zu Hause aufbewahren können, und dennoch –

Keimen ganz einfach mit der Keimbox von granoVita

ohne täglichen Einkauf – jederzeit frische Vitamine und Mineralstoffe (sie werden während des Keimens mobilisiert) zur Verfügung haben. Während des Keimvorgangs nimmt der Vitamingehalt stark zu, die Kalorien dagegen werden weniger.

Sie können sie in einem einfachen Konservenglas mit luftdurchlässiger Gaze anziehen oder die in verschiedenen Variationen angebotenen Keimkammern nutzen (siehe Bild), die Sie z. B. im Reformhaus kaufen können. Wichtig ist, dass die Keimlinge Sauerstoff bzw. Luft bekommen – ansonsten beginnen sie zu schimmeln. Weizen und Senf bilden beim Keimen feine Faserwürzelchen. Sie erinnern an Schimmel, sind jedoch harmlos. Auf den Geruch der Keimlinge achten: Muffig dürfen Sie nicht riechen, dann wegwerfen. Generell: Vor dem Genuss noch einmal kräftig spülen und Keimlinge von Hülsenfrüchten (Kichererbsen, grüne Bohnen ...) blanchieren.

Ansonsten reicht es aus, die Samen am Morgen und Abend zu spülen und anschließend das Wasser abfließen zu lassen. Im Sommer können Sie dann z. B. Weizenkeimlinge schon nach eineinhalb Tagen ernten. Wenn Sie grüne Triebe sehen – dann ist es eigentlich schon zu lange und die Keimlinge beginnen nach Gras zu schmecken.

Mit den Keimlingen sparen Sie sich die ansonsten vitaminbegleitenden Schadstoffe aus Boden, Luft und Wasser. Wenn Sie sich die Samen besorgen, sollten Sie entweder zu unbehandelter Bioware greifen oder darauf achten, dass auf der Verpackung der Vermerk angebracht ist, dass die Ware zum Keimen geeignet ist. Bei konventionellen Samen, die zur Aussaat in den Boden bestimmt sind, ist nicht auszuschließen, dass sie chemisch behandelt sind.

Alle Getreidesorten mit Ausnahme von Hirse und Reis, eignen sich zum Keimen. Auch Hülsenfrüchte, wie die Mungobohne oder Kichererbsen sind günstig, außerdem Alfalfa (Luzerne), Sonnenblumen- und Kürbiskerne, Rettich und Bockshornklee. Bei Buchweizen, Kresse und Senf sollte man die Samen auf Küchenpapier wachsen lassen. Sie sondern beim Keimen Schleimstoffe ab, die ein Zusammenkleben der Samen bewirken.

Keimlinge sind für „Anfänger" in Sachen Vollwertküche manchmal nicht gut verdaulich: Der Darm ist Derartiges nicht gewöhnt und entsprechende Verdauungsenzyme und Zusammensetzung an Mikroorganismen muss sich erst „etablieren". Beginnen Sie daher zunächst mit kleinen Mengen und steigern Sie diese allmählich.

Man sagt, dass Alfalfa-, Rettich- oder Radieschensprossen für den Start leichter verdaulich sind – ein Versuch ist es wert. Weizenkeimlinge schmecken in meinen Augen jedoch besser und weisen große Mengen an Vitalstoffen wie z. B. Vitamin E auf. Sie sind außerdem ausgesprochene Radikalenfänger: 2 EL = 20 g = 1/3 Vitamin B_1, 2/3 Vitamin E des Tagesbedarfs. Weizenkeime z. B. enthalten außerdem viel Vitamin B_3, F und außerdem weitere Vitamine des B-Komplexes: Para-Aminobenzoesäure, Panthothensäure, Cholin und Inositol. Außerdem sind sie besonders reich an Kalium, Magnesium, Phosphor und anderen Mineralstoffen. Man kann sie über jeden Salat, jede Nachspeise und generell über alle Gerichte streuen, wertet diese dadurch auf und unterstützt die Krebsvorsorge.

Ganz allgemein kann man sagen, dass Getreidekeimlinge besser sind als das übliche Getreide: mehr Vitamine (50–200 %ige Vermehrung) – reich an Enzymen (s. Anhang/Lexikon) – viele Ballaststoffe und sekundäre Pflanzenstoffe. In einem Getreidekorn ist alles enthalten, was die Pflanze zum Leben benötigt. Durch die Keimung, die von Wasser und Wärme ausgelöst wird, wird der Stoffwechsel des Korns aktiviert, Vitamine werden gebildet und das Korn wird zur Krebsabwehr noch besser. Mineralstoffe, die im Korn fest gebunden sind und kaum für uns zur Verfügung stehen, werden frei. Vitamin C bildet sich neu. Sie können den gesamten menschlichen Stoffwechsel aktivieren und das Immunsystem stabilisieren. Kein anderes Nahrungsmittel ist so vollwertig, kalorienarm und nährstoffreich.

Samen nehmen beim Keimen an Gewicht zu. Aus 10 g werden nach 2 Tagen:
- bei Kichererbsen: ca. 25 g
- bei Mungobohnen: 30–40 g
- bei Getreidesamen (Weizen, Roggen ...): ca. 20 g

Nach 3 Tagen:
- Alfalfasamen: ca. 30 g
- Linsen: ca. 25 g
- Rettich: ca. 20 g

Frühstück – lecker und doch gesund!

Das gesündeste Müsli – mit optimaler Nährstoffzusammensetzung – besteht nach dem Schweizer Arzt Maximilian Bircher-Benner aus Haferflocken, geriebenen Äpfeln, Zitrone, Nüssen und Milch. Man kann es jedoch auch abwechslungsreicher und krebsvorbeugender gestalten: mit Joghurt, Keimlingen, Leinsamen, Sonnenblumenkernen, Sesamsamen, Nüssen etc. Der Phantasie sind keine Grenzen gesetzt. Sie können die folgenden Rezepte testen oder einfach Naturjoghurt (wer es süßer mag, ein Fruchtjoghurt) mit den „Körnd'ln", was Sie am liebsten mögen, und Obst der Saison hinzufügen.

So lecker kann Müsli sein

1 Pers.
15–20 Min.

S
KA

Zutaten:

150 g Magerjoghurt
3 EL Hafer- oder 3-Kornflocken
1 kleiner Apfel oder 1 Pfirsich
Saft von einer Orange
1 EL gehackte Haselnüsse oder Mandeln
1 TL Leinsamen
(Sesamkörner, Keimlinge … je nach Vorliebe)
1 TL Honig
etwas Zimt – nach Geschmack

1. Getreideflocken mit Joghurt mischen
2. Apfel oder Pfirsich raspeln oder sehr klein schneiden
3. Orange auspressen
4. Saft, Obst und Joghurtflocken, Zimt und Honig vermischen
5. Kleingehackte Nüsse oder Mandeln mit Leinsamen vermischen und darüberstreuen

S
KA

Beerenjoghurt mit Flocken

1 Person
5–15 Min.

Zutaten:

150 g Magerjoghurt
250 g Beerenmischung
z. B.: Erdbeeren, Brombeeren
Himbeeren, Johannisbeeren
Heidelbeeren etc. mindestens
2 Sorten, frisch oder gefroren
1 TL Honig (wenn Honig,
dann am besten eine „flüssige“ Sorte,
wie z. B. Akazienhonig) oder Zucker
1 EL Sonnenblumenkerne
1 EL 3-Korn-Flocken
(z. B. Hafer, Weizen und Roggen)

1. Joghurt mit Honig oder Zucker verrühren
2. Sonnenblumenkerne unterrühren
3. Beeren untermischen
4. Flocken darüber streuen – und fertig ist ein gutes, gesundes und kalorienarmes Frühstück

S
KA

Quarkmischung mit Heidelbeeren zum Müsli

1 Person
5–10 Min.

Zutaten:

75 g Magerquark
100 g Magerjoghurt oder Buttermilch
2 EL Heidelbeeren
1 TL Zucker
1 EL Weizenkeimlinge
(2–3 Tage gekeimt)
1 EL Zitronensaft
möglichst frisch gepresst
1–2 TL Leinsamen
2–5 EL Fertigmüsli oder Drei-Korn-Flocken

1. Quark mit dem Joghurt, Zucker, Zitronensaft und den gewaschenen Heidelbeeren vermischen
2. Mit Fertigmüsli (z. B. Knuspermüsli ohne Zucker) oder Drei-Korn-Flocken nach Geschmack vermischen
3. Weizenkeimlinge und Leinsamen darüber streuen und genießen

1 Person

15–20 Min.

Erdbeerphantasie

Köstlich und wenig Kalorien zum Frühstück.
Es schmeckt wie eine Sahne-Erdbeermischung.

S

KA

Zutaten:

50 g Hüttenkäse
50 g Magerquark
1–2 EL Magermilch (1,5 %)
75 g frische Erdbeeren
1 TL Zucker

1. Erdbeeren waschen, putzen und klein schneiden, in ein Schälchen geben
2. Zucker untermischen und fünf Minuten einziehen lassen
3. Hüttenkäse und Quark mit der Milch cremig rühren
4. Erdbeeren unter die Quarkmasse ziehen

Variationsmöglichkeit:

- Sonnenblumenkerne aufstreuen oder unterrühren;
- Müsli oder 3-Korn-Flocken nach Geschmack unterrühren, dann mehr Milch verwenden

Brotaufstriche süß

Aprikosencreme

S
KA

2 Pers.
ca. 10 Min.

Zutaten:

3 reife Aprikosen und
1 MSP Kardamom

1. Aprikosen waschen,
2. Schadhafte Stellen entfernen, halbieren und Stein entfernen
3. Früchte in ein Püriergefäß geben und Gewürz obenauf
5. Pürieren

Die Fruchtcreme kann als Brotaufstrich verwendet werden, jedoch auch als Soße zu Pfannkuchen, Eis oder Waffeln. Auch mit Joghurt vermischt ausgezeichnet. Schmeckt gut, tut gut und sorgt für viele Carotinoide zur Krebsabwehr.

Heidelbeer-Aprikosen-Aufstrich

S
KA

4–5 Port.
10 Min.

Zutaten:

60 g Heidelbeeren
120 g Aprikosen (ca. 3 Stück)
ca. 30 ml Wasser
2 EL Zucker
1 TL Agar-Agar

1. Heidelbeeren und Aprikosen waschen und schlechte Stellen bzw. Beeren entfernen
2. Aprikosen halbieren, Steine entfernen
3. Früchte pürieren
4. Mischung mit Zucker und Wasser aufkochen, einige Minuten kochen
5. 1 TL Agar-Agar unterrühren
6. Heiß in Marmeladenglas einfüllen und verschließen
7. Kalt genießen

Direkt auf eine Scheibe Brot, evtl. Magerquark darunter, damit es saftiger schmeckt oder 1–3 TL des Aufstrichs in Naturjoghurt einrühren und als Zwischenmahlzeit genießen.

5–7 Port.

20–25 Min.

Kürbis-Apfel-Aufstrich

mit gemahlenen Haselnüssen

Zutaten:

2 EL gemahlene Haselnüsse
75 g Magerjoghurt
je 1 Prise Salz und Pfeffer
1 EL Honig
1 EL Zitronensaft
1 kleine Zwiebel
300 g Kürbisfruchtfleisch
200 g Äpfel

1. Haselnüsse mit Joghurt, Salz, Pfeffer, Honig und Zitronensaft verrühren
2. Zwiebel pellen, Äpfel waschen, putzen und Kerngehäuse entfernen
3. Kürbisfruchtfleisch heraustrennen
4. Alles raspeln oder sehr klein schneiden
5. Mit der Soße mischen und abschmecken

Den Aufstrich kann man mit blauen Trauben verziert auch als Zwischenmahlzeit pur genießen.

2–3 Pers.

10–15 Min.

Möhren-Apfel-Aufstrich

Schmeckt herrlich auf frischem Brot

Zutaten:

200 g Magerquark
ca. 100 g Möhren
1 Apfel (ca. 100 g)
1–2 Prisen Salz
1 EL Milch zum Glattrühren
1 kleines Bund Schnittlauch

1. Möhren waschen, schadhafte Stellen entfernen und in kleinere Stücke schneiden
2. Apfel waschen, vierteln und Kerngehäuse entfernen
3. Möhren und Äpfel zerkleinern
4. Mit Quark, Salz und Milch glatt rühren
5. Schnittlauch waschen und in feine Röhrchen schneiden
6. Aufstrich damit verzieren

Brotaufstriche pikant

Quark pikant mit Tomaten

S

KA

2 Pers.

ca. 15 Min.

Zutaten:

125 g Quark (Magerstufe)
1 EL Milch
4 Tomaten
1/2 Bund Schnittlauch (ca. 1 EL)
Salz und Paprikagewürz

1. Quark mit Milch glattrühren
2. Tomaten waschen und achteln
3. 2 Tomaten pürieren
4. Schnittlauch waschen, in feine Ringe schneiden
5. Schnittlauch mit Gewürzen und Tomatenpüree unter den Quark mischen
6. Mit den restlichen Tomatenvierteln garnieren

Die Mischung mit weiteren 2 EL Milch in eine Soße verwandelt passt gut zu Pellkartoffeln und gegrilltem Fisch.

Avocadoaufstrich

2 Pers.

ca. 15 Min.

Zutaten:

1/2 reife Avocado
1 kleine Zwiebel (ca. 30–40 g)
(ersatzweise ein kleines Gewürzgürkchen)
Salz, Pfeffer
Zitronensaft, damit die Avocado nicht braun wird und für den Geschmack

1. Zwiebel schälen und sehr fein raspeln.
2. Avocado halbieren, Kern entfernen,
3. Fruchtfleisch mit einem Esslöffel aus einer Hälfte herauslösen
4. Etwas Zitronensaft über das Fruchtfleisch geben (verhindert die Braunfärbung)
5. Fruchtfleisch mit einer Gabel zerdrücken, bis eine cremeartige Konsistenz entsteht
6. Zwiebeln dazugeben
7. Mit Pfeffer und Salz abschmecken.

Schnittlauchquark

S

2–3 Port.

5–10 Min.

Zutaten:

1 kleines Bund Schnittlauch
etwas Kerbel (frisch oder getrocknet)
100 g Magerquark
50 g Naturjoghurt, mager
1–2 TL Zitronensaft

1. Schnittlauch waschen und in feine Röhrchen schneiden (am besten mit der Küchenschere)
2. Quark mit Joghurt glattrühren, Schnittlauch untermischen und mit etwas Zitronensaft abschmecken

   Schmeckt gut zu Pellkartoffeln und ist auch als Abendessen geeignet.

Die Zwischenmahlzeit – Aufputschen mit Vitalstoffen

2 Pers.

ca. 20 Min.

Möhrenrohkost

Auch als Vorspeise geeignet

Zutaten:

150 g Möhren
1 kleiner Apfel
1 Orange
1 TL Zucker
1 EL Zitronensaft
50 ml Sahne
1 Prise Salz, Currypulver
Zum Verzieren:
Ca. 20 g gehackte Walnusskerne

1. Möhren waschen, schadhafte Stellen beseitigen und raspeln
2. Apfel waschen, Kerngehäuse entfernen und raspeln
3. Orange schälen und Fruchtfleisch klein schneiden (das Weiße – wenn überhaupt – nur möglichst grob entfernen – gerade darin wurden krebsvorbeugende Substanzen entdeckt).
4. Alles in ein Schälchen geben
5. Restliche Zutaten über die Mischung geben und alles durchmischen
6. Abschmecken, mit den Nüssen verzieren
7. Eventuell Vollkornbrot oder -brötchen dazu reichen

1–2 Pers.

10–15 Min.

Aprikosenbusserl

S

Aprikosen und Sesamsamen –
eine delikate Art, Krebs vorzubeugen

Zutaten:

4 frische, reife Aprikosen
(ca. 150–200 g)
50 g geriebene Mandeln
2 EL (ca. 25 g) Sesamsamen
2 TL Sahne
1 TL Honig

1. Aprikosen waschen, schadhafte Stellen entfernen und halbieren
2. restliche Zutaten vermischen
3. Die Aprikosenhälften auf einem Kuchenteller kreisförmig anordnen
4. Mit einem Teelöffel Nussmasse in die halben Aprikosen einfüllen
5. Als Zwischenmahlzeit oder auch als Dessert genießen

S KA Obst oder Gemüse zur Krebsvorsorge

Als schnelle und krebsvorbeugende Zwischenmahlzeit bietet sich Obst der Saison geradezu an. Waschen, dekorativ in ein schönes Schälchen legen und genießen. Dann hat man nicht nur einen Teil der „5 am Tag“ absolviert, sondern tatsächlich etwas zur Krebsvorsorge getan.

Im Sommer: frische Erdbeeren, später Aprikosen und Heidelbbeeren oder einen Pfirsich.

Im Winter: Orange oder Vitamin-C-reicher: Kiwi mit oder ohne Haselnüsse.

Auch zwischendurch eine Karotte, Kohlrabi oder Gemüsegurke zu knabbern ist gut für die Linie und für die Krebsverhütung.

S KA *Sanddornjoghurt*

1 Pers.
5–10 Min.

Zutaten:

150 g Magerjoghurt
1 TL Vollfrucht Sanddorn-C aus dem Naturkostladen oder Sanddornsaft aus dem Reformhaus
1 TL Zitronensaft möglichst frisch gepresst
1 TL flüssiger Honig
1/2 EL Weizenkörner

1. 2–3 Tage vor dem Genuss Weizenkörner zum Keimen ansetzen, 2mal wässern pro Tag
2. Joghurt mit den anderen Zutaten vermischen
3. Mit den Keimlingen bestreuen

S KA *Mokkacreme für einen wachen Morgen*

1 Pers.
5–10 Min.

Zutaten:

100 g Magerquark
1 TL Pulverkaffee gelöst in 2 EL Wasser oder 2 EL Kaffee
2 TL Ahornsirup oder Zucker

1. Quark mit Kaffee glatt rühren und süßen

1–? Pers.

5–10 Min.

Fruchtjoghurt mit Obst und „Körndl"

S

KA

Zutaten:

Fruchtjoghurt nach Wunsch
z. B. Mango-Vanillejoghurt
Müsli nach Wunsch
frisches Obst der Saison
Leinsamen
Sesam
Sonnenblumenkerne
oder/und Nüsse
Weizenkleie

1. Den Fruchtjoghurt in ein schönes Schälchen geben
2. Frische Lieblingsfrüchte der Saison waschen, schadhafte Stellen entfernen und – außer bei kleinen Beeren – in kleine Stücke schneiden
3. Müslimischung nach Wunsch dazugeben oder Drei-Korn-Flocken
4. Körndl nach Wunsch dazugeben, zur Krebsvorsorge am besten Leinsamen, Sesam und Weizenkleie
5. Alles mischen und genießen

Variationsmöglichkeiten: Gut schmeckt eine zerdrückte Banane untergerührt oder zerkleinerte Trockenpflaumen. Auch frische Heidel- oder Erdbeeren sind ein Genuss!

1 Pers.

ca. 10 Min.

Orangencreme

S

KA

Zutaten:

100 g Magerquark
50 ml Magerjoghurt
Saft einer Orange (ca. 100 ml)
1 TL Ahornsirup oder Zucker
1 EL Weizenkeimlinge

1. 1,5–3 Tage vor dem Genuß 1/2 EL Weizen zum Keimen ansetzen, 2mal wässern pro Tag
2. Orange auspressen
3. Quark mit Joghurt und Saft cremig rühren, süßen
4. Weizenkeimlinge gut spülen und beim Anrichten darüberstreuen

S

KA

Heidelbeerquarkcreme

1 Pers.

ca. 5 Min.

Zutaten:

100 g Magerquark
50 g Magerjoghurt
2 EL Heidelbeeren
1 EL Weizenkeime
1 EL Zitronensaft möglichst frisch gepresst
2 TL Honig
1-2 TL Leinsamen

1. Quark mit dem Joghurt und den gewaschenen Heidelbeeren verrühren
2. Weizenkeime und Leinsamen untermischen
3. Mit Zitronensaft und Honig abschmecken

Heidelbeer-Mix (vor dem Pürieren) und Quarkmischung mit Heidelbeeren (s. Frühsdtück)

4 Pers.

ca. 60 Min.

Grünkohlsuppe – Krebsvorsorge pur

KA

Zutaten:

250 g grüner Spargel
(gefroren oder frisch)
1000 ml Gemüsebrühe
1–2 Zwiebeln (ca. 100 g)
2 Knoblauchzehen
1/2 EL Olivenöl
1 EL Vollkornmehl
250 g gekochte Kartoffeln
300 g Grünkohl
200 ml Milch
1 Ei
Oregano
gekörnte Gemüsebrühe
(z. B. Würzl aus den Naturkostladen)
Sahne oder Crème fraîche
(3 EL oder mehr, nach Wunsch)

1. Spargel waschen, schadhafte Stellen und holzige Enden entfernen
2. Spargel in ca. 500 ml Gemüsebrühe ca. 8 Minuten kochen, anschließend beiseite stellen
3. Zwiebel und Knoblauch von der Schale befreien, klein schneiden und in der Pfanne anbraten, Mehl darin kurz mitbraten
4. Spargelkochwasser und restliche Gemüsebrühe langsam zur Zwiebelmischung hinzugeben, aufkochen lassen
5. Kartoffeln schälen, klein schneiden und in die Gemüsebrühe geben
6. Grünkohl waschen, putzen, Stiele entfernen und zerkleinert in die Gemüsebrühe geben
7. Kartoffel-Kohlmischung ca. 5–10 Minuten kochen, bis der Grünkohl weich genug ist zum Pürieren
8. Mischung pürieren, anschließend Milch und Ei unterrühren
9. Mit Oregano würzen und falls erforderlich mit gekörnter Gemüsebrühe abschmecken
10. Spargel in Stücke geschnitten untermischen und mit Sahne verfeinern

Kartoffelsuppe mit Getreide

2 Pers.

KA

ca. 45 Min.

Zutaten:

75 g Weizen
(oder Roggen oder Dinkel), über Nacht in Wasser eingeweicht
400 g Kartoffeln
100 g Möhren
10 g Butter oder Margarine
1 Liter Gemüsebrühe
1 Bund Frühlingszwiebeln
oder
eine Stange Lauch
(Kräuter-)Salz

1. Weizen über Nacht in Wasser einweichen
2. Kartoffeln schälen und in feine Scheiben schneiden
3. Möhren säubern und ebenfalls in feine Scheiben schneiden
4. Kartoffeln, Möhren und Weizen im Fett andünsten und mit der Brühe auffüllen
5. Zugedeckt ca. 15 Minuten bei milder Hitze garen, die Kartoffeln dürfen nicht zerfallen
6. Die Frühlingszwiebeln bzw. den Lauch putzen, waschen und in feine Streifen schneiden
7. In der Suppe 5 Minuten ziehen lassen
8. Suppe mit (Kräuter-)Salz abschmecken und genießen

Variationsmöglichkeit: statt dem gekochten Weizen Weizen-Keimlinge zugeben. Das bringt zusätzliche Vitamine. Die Keimlinge im Sommer etwa 1,5–2 Tage, im Winter 3 Tage keimen lassen, mindestens zweimal amTag wässern. Vor dem Zugeben spülen.

4 Person

60–70 Min.

Brokkoli-Möhren-Crèmesuppe

köstlich, aber zeitaufwändig

Zutaten:

500 g frischer Brokkoli
2 mittelgroße Kartoffeln, gekocht
(oder zusätzliche Zeit erforderlich für schälen und kleinraspeln. In diesem Fall: Mit den Möhren mitkochen)
2 junge Möhren
(wirken zusätzlich krebsvorbeugend)
1 Zwiebel
1 EL Butter oder Palmfett
1 TL Curry
1 Liter Gemüsebrühe
1/2 Tasse (ca. 75 ml) Magermilch
(möglichst frisch, sonst H-Milch)
2 EL Crème fraîche
150 g Emmentaler fein gerieben
alternativ:
Bergkäse oder Gouda – mittelalt
Salz, Pfeffer

1. Den Brokkoli waschen, Röschen beiseite legen, Stiele in feine Scheiben schneiden
2. Kartoffeln und Möhren putzen, waschen und Zwiebel schälen
3. Möhren und Zwiebel getrennt klein hobeln
4. Die Zwiebel im Fett anbraten, Curry darüber streuen und kurz mitbraten. Mit Brühe ablöschen. Karotten (und evtl. Kartoffeln) 5 Minuten kochen, nach 5 Minuten Brokkolistiele zufügen und weitere 10 Minuten köcheln. Kartoffeln zufügen
5. Zwei Schaumlöffel voll Gemüse herausheben und beiseite stellen, Rest fein pürieren. Zusammen mit dem unpürierten Gemüse wieder erhitzen
6. Milch und Crème fraîche hineinrühren und Käse unterziehen
7. Mit Salz und Pfeffer abschmecken
8. Brokkoliröschen zugeben und kurz gar ziehen lassen

1 Pers.

ca. 20 Min.

Brokkoli-Suppe für die schlanke Linie

S

KA

Zutaten:

150 g Brokkoli (frisch oder gefroren)
300 ml Gemüsebrühe
1–2 EL Crème fraîche
1 kleine Zwiebel (ca. 50 g)
1 TL Olivenöl
Salz
je nach Jahreszeit: evtl. frische Kräuter, am besten Schnittlauch
(als Zwiebelgewächs mit Anti-Krebs-Wirkung)

1. Zwiebel klein schneiden, in Olivenöl anbraten
2. Kleingeschnittene Brokkolistiele dazugeben, kurz mitbraten
3. Mit Brühe ablöschen und Brokkoli in der Brühe bissfest garen (fünf Minuten bei kleingeschnittenen, weniger bei geraspelten Stielen), Röschen zugeben, evtl. kurz mitkochen oder roh lassen und später zugeben, pürieren
4. Crème fraîche unterrühren und Röschen dazugeben, evtl. mit (Kräuter-)Salz abschmecken
5. Sofern vorhanden: Mit frischen Kräutern bestreuen (z. B. Schnittlauch)

Möhrencremesuppe

4 Pers.

45–60 Min.

Zutaten:

500 g Möhren
2 Zwiebeln
2 EL Butter, Margarine, Palmfett (ca. 20 g) oder Olivenöl
1 EL Curry
1 Liter Gemüsebrühe fertig
(oder während der Zubereitung mit Hilfe gekörnter Gemüsebrühe kochen, z. B. Würzl, s. Küchentechniken)
125 ml süße Sahne oder Kaffeesahne
wer es kalorienärmer will: saure Sahne
2 EL Zitronensaft
(Kräuter-)Salz
Pfeffer (möglichst frisch gemahlen)
Zur Verzierung nach Wunsch: Kresse, Petersilie, Schnittlauch

1. Möhren waschen, putzen und in Scheiben schneiden
2. Zwiebeln schälen und klein schneiden
3. Im Schnellkochtopf Zwiebeln in Fett anbraten
4. Möhren dazugeben, Curry darüber stäuben und beides anbraten
5. Mit Brühe übergießen (oder einfach 1 Liter Wasser und 2 gehäufte EL Gemüsebrühe z. B. Würzl hineingeben)
6. Deckel schließen, soweit erhitzen, dass Deckel unter Druck steht, dann sofort ausschalten
7. Sobald Deckel sich wieder öffnen lässt, einen Teil der Möhren (ca. 200 g) herausnehmen, den Rest in der Flüssigkeit pürieren
8. Möhren zur Suppe wieder hinzufügen
9. Sahne unterrühren
10. Mit Zitronensaft, (Kräuter-)Salz und Pfeffer abschmecken
11. Verzieren und servieren

2 Pers.

20–30 Min.

Schnittlauch-Cremesuppe mit Vollkornbrotcroûtons

S

Zutaten:

Palmfett oder Olivenöl
2 EL Vollkornmehl
1/4 Liter Wasser
1 gestrichener EL gekörnte Gemüsebrühe
(z. B. Würzl, s. Küchentechniken)
200 ml Magermilch (1,5 % Fett)
50 ml Sauerrahm
(Kräuter-)Salz
Pfeffer, (möglichst frisch gemahlen)
geriebene Muskatnuss
2 Scheiben Vollkorntoast
1 Bund Schnittlauch
einige frische Champignons

1. Das Fett in einem Suppentopf erhitzen. Mehl einrühren und leicht anrösten

3. Topf vom Herd nehmen, Wasser, Gemüsebrühe, Milch und Sahne unter Rühren mit einem Schneebesen langsam zugeben

4. Mit Gewürzen abschmecken, köcheln lassen (ca. 10 Minuten) und immer wieder umrühren

5. Inzwischen Brot toasten

6. Schnittlauch waschen und fein schneiden

5. Champignons putzen und mit dem Eierschneider in dünne Scheiben schneiden

7. Die Champignons in die Suppe rühren

8. Toastbrot in kleine Stückchen schneiden

9. Suppe verteilen, Schnittlauch untermischen

10. Toastbrotstücken darauf verteilen

4 Pers.

30–40 Min.

Blumenkohlsuppe

KA

Zutaten:

1 mittelgroßer Blumenkohl
3–4 mittlere Zwiebel
1–2 gestrichene EL gekörnte Gemüsebrühe
(z. B. Würzl s. Küchentechniken)
Wasser
Salz (evtl. durch Gemüsebrühe unnötig)
1–2 El Mehl möglichst Vollkorn
Palm- oder Kokosfett
1 großes Ei oder 2 kleine Eier
Muskat und Pfeffer

1. Blumenkohl putzen, Strunk entfernen zerteilen und waschen

2. In Salzwasser 10–15 Minuten kochen, bis er weich ist

3. Zwiebel schneiden und in Fett anrösten

4. Mehl dazugeben und leicht rösten

5. Mit dem Blumenkohlkochwasser ablöschen und etwas kochen lassen

6. Blumenkohl aus dem Salzwasser nehmen und zu den Zwiebeln hinzugeben

7. Mit Blumenkohlkochwasser auffüllen, wenn es nicht reicht, mit Leitungswasser auffüllen

8. Rohes Ei unterrühren, aufkochen und mit geriebenem Muskat und evtl. Pfeffer würzen

9. Evtl. mit Gemüsebrühe abschmecken, nochmals kurz aufkochen

S
KA

Fischsuppe für die schlanke Linie

1 Pers.
20–25 Min.

Zutaten:

1 Zwiebel
1 Knoblauchzehe
zerkleinertes Selleriekraut
Petersilie und Schnittlauchröhrchen
(oder 1/2 Bund Suppengrün)
1 gehäufter TL gekörnte Gemüsebrühe (am besten Würzl, Klare Suppe & Allzweckwürze, s. Küchentechniken)
200 ml Wasser
1 TL Olivenöl
etwas Currypulver
250 g Tomaten
100 g Seelachs-, Kabeljau- oder Rotbarschfilet
(Kräuter-)Salz, Pfeffer
1 EL Zitronensaft
1 EL saure Sahne
1 Scheibe Toastbrot

1. Zwiebel und Knoblauch schälen, raspeln
2. Selleriekraut, Petersilie und Schnittlauch bzw. Suppengrün waschen und klein schneiden
3. Tomaten waschen, Stielansatz entfernen und klein schneiden
4. Fischfilet klein schneiden (evtl. auch später, wenn der Fisch weichgekocht ist)
5. Zwiebel und Knoblauch anbraten
6. Gemüsebrühe darüber verteilen und mit Wasser aufgießen
7. Curry, Selleriekraut und Petersilie bzw. Suppengrün dazugeben und aufkochen
8. Sobald die Suppe nicht mehr kocht, Tomaten und Fischfilet zufügen und etwa zwei Minuten ziehen lassen (nicht kochen)
9. Mit (Kräuter-)Salz, Pfeffer und Zitronensaft abschmecken
10. Sahne und evtl. Schnittlauch unterrühren
11. Brot toasten und zur der Suppe genießen

2 Pers.

45–60 Min.

Minestrone

KA

Zutaten:

50 g weiße Bohnen
(Trockenware über Nacht einweichen)
100 g Kartoffeln
100 g Möhren
100 g Zucchini
75 g Staudensellerie
oder
Knollensellerie
1 Zwiebel
2 Knoblauchzehen
1/2 El Olivenöl
1/2 Liter Gemüsebrühe
150 g Brokkoli
200 g Tomaten
Petersilie nach Geschmack
Pfeffer möglichst frisch gemahlen
(Kräuter-)Salz
Schnittlauch in feine Röhrchen geschnitten
(Die Zutaten zu dieser Suppe können entsprechend der Jahreszeit variiert werden. Kartoffeln, Möhren und Tomaten sollten jedoch enthalten sein. Auf Wunsch kann man Parmesan oder einen anderen geriebenen Käse darüber streuen)

1. Kartoffel schälen und würfeln
2. Tomaten waschen, klein schneiden
3. Brokkoliröschen abtrennen, beiseite stellen
4. Restliches Gemüse waschen, putzen und klein schneiden, Bohnen waschen
5. Staudensellerie in feine Scheiben schneiden
6. Zwiebel und Knoblauch schälen, zerkleinern
7. In einem großen Topf Öl erhitzen, Zwiebel und Knoblauch anbraten
8. Gemüse (ohne Tomaten) und Kartoffeln andünsten
9. Mit Gemüsebrühe auffüllen, bzw. Wasser und gekörnte Gemüsebrühe (z. B. Würzl) zugeben und aufkochen
10. Rosmarin zugeben und abgedeckt 10 Minuten bei mittlerer Hitze kochen lassen
11. Petersilie waschen und zerkleinern
12. Tomaten und Petersilie in die Suppe geben
13. Wenn Brokkoliröschen nicht roh gegessen werden sollen, jetzt zugeben
14. Weitere 5 Minuten zugedeckt garen
15. Mit (Kräuter-)Salz und Pfeffer abschmecken
16. Mit dem Schnittlauch bestreuen, (Rohe Brokkoliröschen zugeben) und genießen

KA

Diätsuppe mit verschiedenen Gemüsesorten

6–9 Port.

45–60 Min.

Zutaten:

250 g Zwiebeln
3 mittlere Zehen Knoblauch
1 TL Olivenöl
6 lange Frühlingszwiebeln oder
1–2 Stangen Lauch
ca. 500 g Tomaten
1 kleiner Weißkohl
2 grüne Paprika
50 g Sellerie oder Staudensellerie
300 g Möhren
4–6 gehäufte EL Gemüsebrühe
(z. B. Würzl, s. Küchentechniken)
3 Liter Wasser
(Kräuter-)Salz
Curry und Ingwer
Pfeffer nach Geschmack
reichlich Schnittlauch

1. Das Gemüse waschen, putzen und in kleine Stücke schneiden
2. Zwiebel und Knoblauch schälen, klein schneiden und
3. In einem großen Topf mit dem Öl anbraten
4. Mit dem Wasser aufgießen,Gemüsebrühe und das kleingeschnittene Gemüse hinzugeben
5. Aufkochen und 10 Minuten bei niedriger Hitze garen
6. Mit den Gewürzen abschmecken
7. Schnittlauch waschen und in feine Röhrchen schneiden und darüber streuen
8. Genießen nach Lust und Laune
9. Übrig gebliebene Suppe für „Hungerattacken“ einfrieren

Diese Suppe kann man als Schlankheitssuppe bezeichnen, da sie sehr wenig Kalorien hat. Folglich kann man von ihr nahezu essen, so viel man will. Da Übergewicht krebsfördernd ist, bietet diese Suppe eine gute Möglichkeit, dem Hungergefühl den Kampf anzusagen, und zudem sind noch jede Menge krebsvorbeugender Gemüsesorten in der Suppe enthalten. Gleich zwei Vorteile mit diesem einen Rezept!

3 Pers.

35–45 Min.

Tomaten-Paprika-Suppe

KA

Zutaten:

1/2 EL Olivenöl
2 Zwiebeln (ca. 130–150 g)
1 mittlere Knoblauchzehe
3 rote Paprika (ca. 450–500 g)
750–800 g Tomaten
ca. 600 ml Wasser
1 TL Zucker
3 EL saure Sahne
2 gestrichene EL gekörnte Gemüsebrühe
(z. B. Würzl, s. Küchentechniken)
Oregano, Majoran, Paprika
Spaghettigewürz
Schnittlauch
Nach Wunsch:
geröstete Vollkornsemmelstückchen

1. Tomaten und Paprika waschen
2. Zwiebel und Knoblauch schälen, zerkleinern und anbraten
3. Paprika und Tomaten putzen
4. Tomaten vierteln, Paprika in schmale Streifen schneiden
5. Nach und nach jeweils fertig vorbereitetes Gemüse zu den Zwiebeln geben und dünsten lassen
6. Am Schluss das Ganze noch 5 weitere Minuten dünsten, damit ist ein Teil des Gemüses sehr weich, ein Teil noch etwas fester
7. Wasser und gekörnte Gemüsebrühe zugeben
8. Suppe pürieren, nicht vollständig, damit sie noch etwas „Biss“ hat
9. Gewürze zugeben und nochmals aufkochen und abschmecken
10. Vor dem Servieren sauren Rahm unterrühren
11. Wenn es die Saison erlaubt, vor dem Essen mit Schnittlauch verfeinern
12. Je nach Lust und Laune mit gerösteten Semmelstückchen verzieren

S

KA

Gemischter Brokkolisalat

2 Pers.

15 Min.

Zutaten:

ca. 300 g knackiger Salat
(z. B. Eissalat)
1–2 rote Paprika, je nach Größe
1/4 Salatgurke
ca. 200 g Brokkoliröschen, roh
Zitronensaft
1 TL Oliven- oder Leinöl
Obstessig und
1–2 TL Balsamico-Essig
(Kräuter-)Salz und
Pfeffer nach Geschmack

1. Salat und Gemüse putzen und waschen, mundgerecht zerkleinern
2. Abgetropft in eine Glasschüssel geben
3. Mit Zitronensaft, Öl, Essig und Gewürzen anmachen und abschmecken.

Dieser Salat sieht nicht nur gut aus, er schmeckt auch so.

Spinatsalat mit Orange

2 Pers.

KA

15–20 Min.

Zutaten:

150–200 g Spinat
1 große oder 2 kleine Orangen
Soße aus:
Essig, Senf
1 EL süße Sahne
Honig, Pfeffer
1 TL Sonnenblumenöl

1. Spinat putzen, waschen und evtl. zerkleinern
2. Orange schälen
3. Geschälte Orange in Scheiben schneiden (weiße Bestandteile nur grob entfernen, nach Möglichkeit dran lassen), dabei Saft auffangen
4. Spinat und Orangenstücke mischen
5. Orangensaft und Soßenbestandteile darüber geben
6. Mischen, abschmecken, fertig

2 Pers.

ca. 10 Min.

Rote-Bohnen-Salat

Zutaten:

160 g weich gekochte rote Bohnen
etwas Petersilie nach Geschmack
Soße:
1 EL Essig
1 EL Sonnenblumen-, Lein- oder Olivenöl
etwas Senf, 1 Prise Curry
(Kräuter-)Salz und Pfeffer

1. Unter die roten Bohnen die Petersilie mischen
2. Zutaten für die Soße darübergeben
3. Alles durchmischen, mit (Kräuter-)Salz und Pfeffer abschmecken

3–4 Pers.

20–30Min.

Griechischer Hirtensalat

Zutaten:

1 grüner Salat (z. B. Kopfsalat Batavia, Eichblatt, Eissalat)
4 Tomaten
1 kleine Salatgurke
1 mittlere rote Paprika
1 größere Zwiebel
10 grüne oder schwarze Oliven
150 g Feta
4–5 EL Essig-Mischung aus Balsamico, Obst- und Kräuteressig
1 EL Zitronensaft nach Möglichkeit frisch gepresst
(Kräuter-)Salz, Pfeffer
2 Knoblauchzehen, falls nicht vorrätig Knoblauchgewürz
3 EL Olivenöl

1. Salat putzen, waschen, zerteilen und abtropfen lassen
2. Zwiebel schälen und in Ringe schneiden
3. Tomaten waschen, Stielansatz herausschneiden und in Scheiben schneiden
4. Gurke waschen und hobeln
5. Paprika waschen, Inneres mit Kernen heraustrennen, in Streifen schneiden
6. Feta in kleine Stücke schneiden
7. Alles in eine Schüssel geben
8. Oliven untermischen
9. Zutaten für Marinade über den Salat geben und untermischen
10. Abschmecken und am besten mit frischem Brot bzw. Pitta genießen

Sauerkrautsalat mit Obst und Nüssen

KA **2 Pers.** **15–20 Min.**

Zutaten:

2 mittlere Orangen
1 mittlerer Apfel
1 mittlere Zwiebel (ca. 40–60 g)
200 g rohes Sauerkraut
2 TL Essig
3 EL Apfelsaft
ca. 1 TL flüssiger Honig
1 TL Sonnenblumen- oder Leinöl
Haselnusskerne

Alle Zutaten der Reihe nach in eine vorbereitete Salatschüssel geben:

1. Orange schälen und klein schneiden
2. Zwiebel hacken oder raspeln
3. Sauerkraut grob schneiden
4. Den ungeschälten Apfel raspeln
5. Die flüssigen Zutaten darüber geben
6. Alles gründlich durchmischen und
7. Gehackte oder ganze Nüsse darüberstreuen

Vollkornbrot schmeckt gut dazu

Das Besondere an diesem Rezept ist, dass es sehr viele Vitamine liefert und dabei wenig Kalorien hat

Tomatensalat

S **KA** **2 Pers.** **10–15 Min.**

Zutaten:

3–4 Tomaten (etwa 400 g)
1 mittlere gelbe Zwiebel
(reich an dem krebsvorbeugenden Flavonoid Quercetin)
1 TL Sonnenblumen-, Lein- oder Olivenöl
1 EL Obstessig
(Kräuter-)Salz, Peffer
1 Prise Zucker

1. Zwiebel schälen und in schmale Ringe schneiden
2. Tomaten waschen, Stielansatz entfernen und in feine Scheiben schneiden
3. Beides mischen und Bestandteile der Salatsoße darübergeben
4. Alles mischen und abschmecken

Variationsmöglichkeit: Auch rote Paprika schmeckt gut mit Tomaten – waschen, Kerne und Samenkammer entfernen, in Streifen schneiden und darunter mischen.

2 Pers.

10–15 Min.

Maissalat mit Dicken Bohnen und Tomaten

KA

Zutaten:

300 g Dicke Bohnen getrocknet,
(falls frisch, muss die Zeit zum Enthülsen hinzugerechnet werden)
300 g Zuckermais
(fertig aus dem Glas)
2 Tomaten (ca. 150 g)
1 Bund Schnittlauch
Für die Soße:
Essig und Senf,
(Kräuter-)Salz und Pfeffer
1 TL Sonnenblumen-, Lein- oder Olivenöl

1. Dicke Bohnen evtl. am Tag vorher einweichen und vor der Zubereitung waschen und im Schnellkochtopf mit etwa 300 ml Gemüsebrühe ansetzen. Sobald der Topf dicht ist, abschalten und abkühlen lassen.
2. Abgetropfte Dicke Bohnen mit dem Mais mischen
3. Tomaten waschen, Stielansatz entfernen und klein schneiden
4. Schnittlauch waschen und in feine Röhrchen scheiden
5. Salatzutaten mischen, Soßenzutaten darüber geben, nochmals mischen und abschmecken

2 Pers.

15–20 Min.

Kohlrabisalat

S

Zutaten:

1–2 Kohlrabi, je nach Größe
1 Zweig Liebstöckel
(möglichst frisch, sonst getrockneter)
(Kräuter-)Salz,
Pfeffer (möglichst frisch gemahlen)
1 EL Essig
2–3 EL süße Sahne
1/2 EL Sonnenblumen-, Lein- oder Olivenöl

1. Vom Kohlrabi Blattstiele und Schalen entfernen (letzteres bei jungem Gemüse unnötig)
2. Wurzelansatz großzügig entfernen
3. Herzblättchen waschen
4. Knolle mit Blättchen in Stifte schneiden oder raspeln
5. Vorsichtig Liebstöckel (frischer würzt kräftig) zugeben
6. Übrige Zutaten unterrühren
7. Mit (Kräuter-)Salz und Pfeffer abschmecken

Weizen-Soja-Salat

KA

2 Pers.
20–25 Min.

Zutaten:

10–20 g Weizen
(50 g nach dem Keimen)
50 g Sojabohnen
1/4 Liter Gemüsebrühe
(z. B. Würzl aus dem Naturkostladen)
200 g rote Paprikaschoten
150 g Salatgurke
100 g Radieschen (ohne Kraut)
2 EL Essig
Pfeffer
(möglichst frisch gemahlen)
1 TL Sonnenblumen- oder Leinöl
1/2 Bund Schnittlauch

1. Weizen 1,5 bis 3 Tage vorher zum Keimen ansetzen, 2mal täglich wässern
2. Sojabohnen über Nacht in gut der doppelten Menge Wasser einweichen
3. Sojabohnen in Sieb geben, gründlich waschen
4. Bohnen und Gemüsebrühe in den Schnellkochtopf geben, sobald Gefäß dicht ist, ausschalten und fertig garen lassen (stehen lassen, bis Gefäß sich problemlos öffnen lässt, abkühlen lassen)
5. Weizenkeimlinge kräftig spülen
6. Paprikaschoten waschen, Kerne und weiße Rippen enfernen, in feine Streifen schneiden
7. Gurke waschen und hobeln
8. Radieschen waschen, putzen und in dünne Scheiben schneiden
9. Das Gemüse mit den Sojabohnen, Weizenkeimen, Essig und Öl mischen
10. Mit Pfeffer und Gemüsebrühe abschmecken
11. Schnittlauch waschen, in feine Röhrchen schneiden und den Salat damit bestreuen

Gemischter Grünkohlsalat

KA

1 Pers.
ca. 15 Min.

Zutaten:

ca. 100 g Endivien- oder
Eisbergsalat
50 g Grünkohl
1 kleine rote Paprika (ca. 50 g)
Soßenzutaten:
1 TL Leinöl
je 1 TL Obstessig und Balsamico
1 TL Zitronensaft
Salz, Pfeffer

1. Endiviensalat klein schneiden, putzen und waschen
2. Grünkohl waschen, putzen, von Blattstielen befreien und sehr fein schneiden
3. Paprika waschen, putzen und klein schneiden
4. Alles mischen, Soßenzutaten darüber geben, erneut mischen und mit den Gewürzen abschmecken

2 Pers.

20–30 Min.

Linsensalat mit Tomaten und Zucchini

KA

Zutaten:

150 g Linsen
1/4 Liter Wasser
1/2 EL gekörnte Gemüsebrühe (z. B. Würzl)
2 Tomaten (ca. 200 g),
1 kleine Zucchini (ca. 250 g)
100 g frische Champignons
1 Bund Schnittlauch
Essig
(Kräuter-)Salz
Pfeffer
1 TL Sonnenblumen- oder Leinöl
Bohnenkraut für die Soße

1. Linsen am Vortag in reichlich Wasser einweichen
2. Linsen in etwa 1/4 l Wasser mit 1/2 EL gekörnte Gemüsebrühe im Schnellkochtopf kochen, sobald der Topf dicht ist, ausschalten und abkühlen lassen
3. Tomaten waschen, Stielansatz entfernen und klein schneiden
4. Zucchini waschen, raspeln
5. Champignons putzen, säubern und in Scheiben schneiden
6. Schnittlauch waschen, in feine Röllchen schneiden
7. Linsen mit allen Zutaten vermischen
8. Soßenzutaten darübergeben, durchmischen und abschmecken

2 Pers.

15–25 Min.

Feldsalat mit Buttermilchdressing

KA

Zutaten:

100 g Feldsalat
2 EL Buttermilch
2 TL Zitronensaft
(möglichst frisch gepresst)
(Kräuter-)Salz
2 TL Essig
1 kleine Zwiebel (ca. 50 g)
eine kleine Knoblauchzehe
2 EL Sonnenblumenkerne

1. Sonnenblumenkerne ohne Fett rösten, abkühlen lassen
2. Feldsalat putzen, waschen, abtropfen lassen
3. Zwiebel und Knoblauch pellen, zerkleinern, über den Feldsalat geben
4. Buttermilch, Zitronensaft und Essig über den Feldsalat geben, vorsichtig untermischen
5. Mit (Kräuter-)Salz abschmecken
6. Sonnenblumenkerne zur Verzierung (und Krebsvorsorge) darüber streuen

Gemischter Salat mit Keimlingen

KA

2 Pers.

15–25 Min.

Zutaten:

1/2 Kopfsalat
ca. 1/2 Eissalat
1 EL Mungobohnen
2 Tomaten (ca. 150–200 g)
1 kleine Paprikaschote (grün oder rot)
1 EL Essig
1 TL Sonnenblumen- oder Leinöl
2 TL Zitronensaft
nach Möglichkeit frisch gepresst
(Kräuter-)Salz, Pfeffer
(möglichst frisch gemahlen)
1 gehäufter EL Schnittlauchröllchen

1. Mungobohnen 2 Tage vor der Zubereitung zum Keimen ansetzen, 2mal täglich spülen
2. Salat putzen, waschen und in mundgerechte Stücke zerpflücken
3. Keimlinge in einem Sieb kalt abbrausen
4. Tomaten waschen, Stielansatz entfernen und in Scheiben schneiden
5. Paprika waschen, Kerne und weiße Rippen entfernen und in feine Streifen schneiden
6. Alles zusammen in eine Salatschüssel geben, Essig, Öl und Zitronensaft darunter mischen
7. Mit (Kräuter-)Salz und Pfeffer abschmecken
8. Den fertig angerichteten Teller mit Schnittlauch bestreuen

Variationsmöglichkeit: Verwenden unterschiedlicher Salatsorten und Keimlinge

Grüner Salat mit Tomate –

schnell und einfach

S

KA

2 Pers.

ca. 15 Min.

Zutaten:

1/2 Kopf (ca. 200 g) Salat:
(je nach Saison und Geschmack)
etwas Zitronensaft
3–4 EL Magerjoghurt
3–4 Tomaten (etwa 200 g)
1 kleine Zwiebel,
wer mag: 1 kleine Zehe Knoblauch
2 EL Weizenkeimlinge
(wenn vorhanden)
Schnittlauch nach Belieben
evtl. ein wenig Salz

1. Weizenkörner 1,5–3 Tage vorher zum Keimen ansetzen
2. Salat zerteilen, waschen, schadhafte Stellen entfernen, Wasser abtropfen lassen
3. Tomaten waschen, Stielansatz entfernen, in Scheiben schneiden
4. Zwiebel und evtl. Knoblauch pellen und klein schneiden
5. Salatblätter, Zwiebel und Tomate mischen
6. Zitronensaft und Joghurt darüber geben, mit dem Salat mischen
7. Evtl. mit Salz abschmecken
8. Schnittlauch waschen, schneiden mit den gewaschenen Weizenkeimlingen darüber geben

Gemüse und andere Beilagen

2 Pers.

35–45 Min.

Rösti aus rohen, ungeschälten Kartoffeln mit Tsatsiki

Zutaten:

500 g Kartoffeln
1–2 EL Sesamöl oder Palmfett
Salz, Pfeffer
Tsatsiki:
1/2 Salatgurke
4 EL Joghurt oder saurer Rahm
1 mittlere Knoblauchzehe

1. Kartoffeln gründlich waschen und bürsten
2. Kartoffeln ungeschält reiben und mit Küchenpapier trocken tupfen
3. Bratpfanne erhitzen und Fett zugeben
4. Kartoffeln flach verteilen, salzen und pfeffern
5. Rösti auf der einen Seite bei mittlerer Hitze etwa 10 Minuten braten, wenden und auf der zweiten Seite nach dem Würzen Anbraten wiederholen
6. Tsatsiki: Gurke raspeln, Knoblauch pressen und mit dem Joghurt oder saurem Rahm vermischen.

Phenolsäuren kommen direkt unter der Schale vor, daher ist es im Sinne einer Krebs-Prophylaxe, die Schale mitzuessen. Zudem braucht man weniger Fett zum Braten und Vitamin C bleibt besser erhalten, wenn man von rohen Kartoffeln ausgeht. Man ist es nicht gewohnt, die Schale mitzuessen; jedoch in anderen Ländern ist das durchaus üblich. Wenn Sie Bio-Kartoffeln verwenden, brauchen Sie auch keine Angst vor den Schadstoffen zu haben.

Grüne Bohnen mit Knoblauch-Sahnesoße

2 Pers.
ca. 10 Min.

Zutaten:

500 g Grüne Bohnen
(tiefgefroren in Bio-Qualität, Naturkostladen oder Supermarkt)
150 g Magerjoghurt
4 EL Sahne
2 Knoblauchzehen
1 TL Zitronensaft
Bohnenkraut
(möglichst 2 frische Zweige, ansonsten als Gewürz getrocknet)
Salz, Pfeffer

1. Joghurt mit der Sahne auf die Hälfte einkochen lassen
2. Inzwischen Bohnen in einem Topf erwärmen
3. Ausgepresste Knoblauchzehen in die Sahnesoße geben und mit Salz, Pfeffer, Zitronensaft und feingehacktem Bohnenkraut abschmecken
4. Bohnen und Soße getrennt servieren, dann kann man jeweils nehmen, soviel man möchte

Sesamkartoffeln

2 Pers.
ca. 45 Min.

Zutaten:

500 g Kartoffeln
1,5 EL Sesamöl
200 g Tomaten
1 Bund Schnittlauch
4 EL Sesam (entspricht ca. 20 g)
2 Eier
1 EL Butter oder Margarine
1 EL Sojasoße
Salz

1. Kartoffeln waschen, schälen und der Länge nach vierteln
2. Im Öl bei geringer Hitze rundum leicht anbraten, mit Salz würzen, 2–3 EL Wasser zugeben und bei mittlerer Hitze abgedeckt ca. 25 Minuten schmoren. Gelegentlich wenden
3. Tomaten in feine Streifen schneiden
4. Schnittlauch in feine Röllchen schneiden (Tipp: einfach mit einer Küchenschere)
5. Sesam in einer Pfanne ohne Fett rösten, Butter oder Margarine zugeben und aufschäumen lassen
6. Sesammasse unter die Kartoffeln mischen, Fett abgießen
7. Eier mit der Sojasoße verquirlen, über die Kartoffeln geben und stocken lassen
8. Tomatenstreifen und Schnittlauch darüber verteilen und servieren

4 Pers.

30–40 Min.

Möhrengemüse: lecker für alle Fälle

Carotinoide – roh und gekocht gemischt

Zutaten:

800–1000 g Möhren,
3 EL Palmfett (ca. 50 g)
oder Olivenöl
Salz
2 gehäufte EL Mehl (ca. 30 g),
ca. 1/2 l Wasser
1 gehäufter EL gekörnte
Gemüsebrühe wie z. B. Würzl
ersatzweise:
1/2 l fertig gekochte Gemüsebrühe

1. Möhren putzen, waschen, in Scheiben schneiden, ca. 1/3 davon beiseite legen
2. Fett in einem Topf erhitzen, Möhren dazugeben, etwas Wasser zugießen und 10 Minuten dünsten
3. Zurückbehaltene Möhren zerkleinern
4. Mehl zu den gedünsteten Möhren dazugeben, durchschwitzen
5. 1 gehäuften EL gekörnte Gemüsebrühe und soviel Wasser dazugeben, dass eine sämige Soße entsteht
6. Die zerkleinerten rohen Möhren untermischen und das Gemüse mit Salz abschmecken

3–4 Pers.

ca. 30 Min.

Ratatouille

Zutaten:

1 kleine Zucchini (ca. 500 g)
2 Paprika (ca. 500 g) rot und grün
4 Tomaten (ca. 400 g)
2 Zwiebeln (ca. 120–150 g)
2 Knoblauchzehen
Palmfett (ca. 1/2 EL)
Kräutersalz, Pfeffer
Thymian (nach Möglichkeit frisch, ansonsten getrocknet)
gekörnte Gemüsebrühe
zum Würzen
ca. 100 g Käse gerieben
oder gewürfelt (Pizzakäse
Emmentaler, Gouda)

1. Zwiebel und Knoblauch pellen und klein schneiden
2. Zucchini waschen, schadhafte Stellen entfernen und in Scheiben schneiden
3. Paprika waschen, Kerne und weiße Pflanzenteile entfernen, in Streifen schneiden
4. Zwiebel und Knoblauch in Fett dünsten
5. Zucchini und Paprika dazugeben
6. Mischung einige Minuten dünsten
7. Mit Kräutersalz und Pfeffer abschmecken, Thymian (trocken oder frisch) zugeben
8. Tomaten waschen, in Würfel oder Scheiben schneiden, kurz mitdünsten
9. Käse unterheben und schmelzen lassen

Das Gericht kann auch als Hauptmahlzeit mit frischem Brot oder Reis gegessen werden. Grob püriert passt es auch als Soße zu Nudeln.

Lauch-Kartoffel-Plätzchen

2 Pers.

50–60 Min.

Zutaten:

200 g Lauch
500 g Kartoffeln
2 Eier
30 g Vollkornweizenmehl
Salz, Pfeffer
Muskatnuss
1 Bund Schnittlauch
Palm- oder Kokosfett

1. Kartoffeln waschen und gründlich bürsten
2. Lauch waschen, putzen in etwa 2 mm dünne Streifen schneiden
3. Kartoffeln ungeschält reiben
4. Alle Zutaten miteinander vermischen, mit den Gewürzen abschmecken
5. Fett in einer Pfanne erhitzen und mit einem Löffel einige Häufchen Kartoffelmasse hineingeben, flachdrücken und auf jeder Seite 5 Minuten bei kleiner Flamme backen, damit der Lauch nicht anbrennt.

Weizen-Gemüse-Pfanne mit Paprika

KA

2 Pers.

30 Min.

Zutaten:

40 g Weizenkörner
2 rote Paprika (ca. 250 g)
3–4 Tomaten (ca. 300g)
1 TL Palm- oder Kokosfett
2 Zwiebeln (ca. 100g)
Salz
Pfeffer (möglichst frisch gemahlen)
edelsüßes Paprikapulver
1 Knoblauchzehe
1 EL süße oder saure Sahne

1. Weizenkörner 1,5–3 Tage vorher zum Keimen ansetzen, jeden Tag zweimal wässern
2. Paprika waschen, das Weiße und die Kerne entfernen, in Streifen schneiden
3. Tomaten waschen, Stielansatz entfernen, in Scheiben oder Würfel schneiden
4. Zwiebel und Knoblauch schälen, klein schneiden oder raspeln
5. Fett in einer Pfanne erhitzen, Zwiebel, Knoblauch und Paprika darin anbraten
6. Mit 50 ml Wasser ablöschen, 5–7 Min. dünsten
7. Tomaten hinzufügen und gemeinsam mit dem Paprika 2–3 Minuten garen
8. Mit den Gewürzen abschmecken
9. Weizenkeimlinge spülen, unter das Gemüse mischen
10. Das Ganze mit der Sahne verfeinern

2 Pers.

30 Min.

Überbackene Keimlinge

Zutaten:

350 g Mungobohnenkeimlinge
(100 g Mungobohnen, etwa 2,5 Tage gekeimt)
1–2 Zwiebeln (ca. 100 g)
oder Frühlingszwiebeln
2 kleine Knoblauchzehen
2 große Tomaten (ca. 300 g)
Palmfett oder Olivenöl
zum Einfetten der Form
100 g geriebener Hartkäse,
z. B. Gouda oder Emmentaler
(Bioqualität verwenden,
um Nitrat auszuschließen)
2 EL Sauerrahm
1 Ei
Paprikapulver

1. Etwa 1,5–2,5 Tage vorher die Mungobohnen zum Keimen ansetzen (einmal mit Wasser übergießen, dann täglich zweimal wässern)
2. Zwiebel und Knoblauch schälen, zerkleinern, das Zwiebelgrün in dünne Ringe schneiden
3. Tomaten waschen und Stengelansatz entfernen, anschließend achteln
4. Ofen auf 200°C vorheizen
5. Die Keimlinge gründlich abspülen und mit dem anderen Gemüse mischen
6. Eine hitzefeste Form einfetten und die Mischung einfüllen
7. Käse, Rahm und Ei verrühren und mit Paprikapulver pikant würzen
8. Käsemischung über das Gemüse geben, bei 200° C ca.10 Minuten überbacken

   Schmeckt sehr gut mit gegrilltem Kabeljaufilet und Kartoffeln.

2 Pers.

40–55 Min.

Karotten-Plätzchen

Zutaten:

2 Eier
2 EL Milch
3 EL Vollkornmehl
200 g Karotten
400 g Kartoffeln
4 EL Parmesan, gerieben
gehackte Kräuter, z. B. Thymian
Palm- oder Kokosfett
Salz, Pfeffer

1. Karotten gründlich waschen und bürsten
2. Kartoffeln und Karotten ungeschält reiben
3. Eier und Milch verquirlen, übrige Zutaten untermischen und mit Salz und Pfeffer abschmecken
4. In einer Pfanne das Fett erhitzen (man benötigt in einer Teflonpfanne nicht viel) und flache kleine Plätzchen ausbacken

Rösti- und
Lauch-Kartoffel-Plätzchen

S

KA

Auberginen-Tomaten-Paprika-Gemüse

2 Pers.

ca. 20 Min.

Zutaten:

1 kleine Zwiebel (ca. 50 g)
1 mittlere Knoblauchzehe
1 mittlere rote Paprika (100–150 g)
1 kleine Aubergine (ca. 150 g)
2 kleine Tomaten (ca. 150 g)
1 TL Olivenöl
2 EL Weizen zum Keimen
1 gestrichener EL gekörnte Gemüsebrühe
(z. B. Würzl aus dem Naturkosthandel)
Curry nach Geschmack
eine gute Prise trockenes
oder
ein Zweig frisches Basilikum

1. Zwiebel und Knoblauch pellen und zerkleinern
2. Beides mit dem Öl in einer Pfanne anbraten
3. Paprika waschen, Kerne und -gehäuse entfernen, in Streifen schneiden und sobald Zwiebel angebraten ist, mit in die Pfanne geben
4. Aubergine waschen, Stielansatz entfernen, halbieren und in dünne Scheiben schneiden, ebenfalls in die Pfanne geben
5. Sobald das Gemüse angebraten ist, etwas Wasser zugießen und dünsten bis die Paprikastreifen weich sind
6. Tomaten waschen, Stielansatz entfernen, klein schneiden und unter das Gemüse mischen
7. Mit gekörnter Gemüsebrühe und Curry nach Geschmack würzen
8. Gemüse noch etwa 5 Minuten dünsten
9. Getrocknetes Basilikum unterrühren (frisches erst kurz vor dem Servieren zugeben)
10. Weizenkeimlinge vor dem Servieren darüber streuen (wenn die Keimlinge etwas älter sind, bzw. zu lange gekeimt haben (z. B. 3 Tage) kann man sie vorher zugeben und kurz mit erhitzen, vor allem gut untermischen, dann schmeckt man Wurzeln und Keimblätter nicht heraus).

I-X Pers.

ca.20 Min.

Gemüsepasteten à la Kreutzberger

Ein Rezept für alle Jahreszeiten

S

KA

Zutaten:

Gemüsemischung, z. B.:
Möhren, Tomaten
Champignons
Brokkoli oder Zucchini
Paprika, Zwiebel
Olivenöl
Salz, Pfeffer
gekörnte Gemüsebrühe
(z. B. Würzl)
Curry (durch das enthaltene Curcumin antioxidative Wirkung)
Käse: Hartkäse
(geriebener Emmentaler, Gouda, Bergkäse oder kleingeschnittener Mozzarella)
nach Wunsch:
Sahne
saurer Rahm oder
Crème fraîche

1. Gemüse putzen, waschen, klein schneiden
2. Evtl. einige Brokkoliröschen zur Seite legen, da sie roh oder fast roh den größten Krebsschutz bieten
3. Champignons und Tomaten ebenfalls zur Seite legen, da sie kürzere Garzeiten benötigen als z. B. Möhren, Brokkolistiele oder Zucchini
4. Zwiebel schälen, klein schneiden, in Olivenöl anbraten
5. Länger garendes Gemüse dazugeben und einige Minuten dünsten, bis das Gemüse weich, aber noch bissfest ist (evtl. etwas Wasser dazugeben)
6. Würzen mit Curry, Gemüsebrühe, Salz und Pfeffer
7. Je nach Jahreszeit kurz garendes Gemüse dazugeben und kurz mitdünsten
8. Evtl. Brokkoliröschen unterheben
9. Geriebenen bzw. geschnittenen Käse darübergeben und schmelzen lassen (2–3 Minuten)
10. Abschmecken und nach Wunsch mit Sahne, saurem Rahm (am kalorienärmsten) oder Crème fraîche verfeinern
11. Die Gemüsemischung in Pasteten füllen (gibt es im Supermarkt), mit den Beilagen servieren

Das Besondere an dem Gericht ist, dass es zu jeder Jahreszeit, mit den jeweils vorhandenen Gemüsesorten, gekocht werden kann, köstlich schmeckt und dabei auch noch der Krebsvorsorge dient. Deshalb werden Brokkoliröschen erst zum Schluß – möglichst roh – zugegeben und Tomaten nicht gehäutet – das erhöht den Anteil an Ballast- und sekundären Pflanzenstoffen.
Wer auf seine Linie achten will, kann die Verfeinerung mit Sahne etc. weglassen und kalorienarme Käsesorten bevorzugen (Mozzarella mit 227/961 kcal/kJ pro 100 g oder Hartkäse mit 30 % Fett i. Tr.).
Als Beilage bietet sich Salat der Saison, Reis oder Nudeln an. Wer noch Erbsen dazu anbieten will – auch das ist köstlich.
Sie können dieses Gericht auch als Gemüsepfanne ohne die Pasteten anbieten, für Gäste jedoch sieht es in Pastetenform besonders köstlich aus.

KA

Kartoffel-Möhrenauflauf mit weißer Bohnenkruste

2 Pers.

45–60 Min.

Zutaten:

100 g weiße, trockene Bohnen über Nacht eingeweicht
1/4 l Gemüsebrühe
Salz
300 g Kartoffeln
300 g Möhren
1 Bund Frühlingszwiebeln
oder
1 kleine Stange Lauch
Olivenöl
Petersilie nach Geschmack
75 g Mozzarella
1 EL mittelscharfer Senf
zum Verzieren:
1–2 EL Mandelstifte

Das Besondere an dem Rezept ist der hohe Ballaststoffanteil.

1. Eingeweichte Bohnen mit 3/4 l Wasser in den Schnellkochtopf geben, verschließen und auf höchste Stufe schalten. Sobald der Topf dicht ist, ausschalten und stehen lassen, bis der Schnellkochtopf sich leicht öffnen lässt
2. Inzwischen Kartoffeln waschen, mit der Schale etwa 12 Minuten in Salzwasser garen, schälen und in Scheiben schneiden
3. Möhren waschen und in Scheiben schneiden
4. Frühlingszwiebeln bzw. Lauch waschen und in Ringe bzw. sehr dünn schneiden
5. Möhren in Olivenöl andünsten, mit Salz würzen, zugedeckt mit 3 EL Wasser 5 Minuten dünsten
7. Frühlingszwiebeln bzw. Lauch zu den Möhren geben und 2 bzw. 5 Minuten mitdünsten
8. Petersilie waschen und klein schneiden
9. Den Käse in Scheiben schneiden
10. Von den mittlerweile fertigen Bohnen Restwasser abgießen und mit 200 ml Gemüsebrühe pürieren, mit Salz abschmecken
11. Auflaufform einfetten, Kartoffeln, Möhren und Frühlingszwiebeln einschichten
12. Käse und Petersilie darüber streuen
13. Die restlichen 50 ml Gemüsebrühe mit Senf verquirlen, über die Gemüsemischung gießen
14. Bohnenpüree auf der Oberfläche verteilen
15. Bei 200° C 30–35 Min. backen (nach 25 Minuten mit Alufolie abdecken)
16. Den Auflauf 5 Minuten ruhen lassen
17. Mandelstifte in wenig Butter oder Margarine anbräunen und vor dem Servieren über den Auflauf geben und genießen

3–4 Pers.

ca. 60 Min.

Grünkohl-Soja-Auflauf

KA

Zutaten:

200 ml Gemüsebrühe
100 g Sojagranulat
(Reformhaus oder Naturkostladen, s. Bild bei „Spaghetti vegetarisch alla Bolognese")
1 größere Zwiebel (ca. 100 g)
2 Knoblauchzehen
1/2 EL Olivenöl
300 g Grünkohl
1 rote Paprika
1–2 Äpfel (ca. 150 g)
Kartoffelbrei fertig
oder
ca. 500 g gekochte Kartoffeln in Scheiben geschnitten
1 Ei, Kräutersalz
50 g süße oder saure Sahne
100 g geriebener Käse
(Gouda, Emmentaler ...)
2 EL Semmelbrösel
2 EL Weizenkleie

1. Sojagranulat in Gemüsebrühe ca. 10–15 Min. einweichen
2. Zwiebel und Knoblauch schälen und klein schneiden, anschließend in Olivenöl anbraten
3. Sojagranulat in Zwiebelmischung ca. 10 Min. dünsten lassen
4. Grünkohl waschen, putzen, Stiele entfernen
5. 1 oder 1/2 Apfel waschen, putzen, Kerngehäuse entfernen und in Scheiben schneiden
6. Ca. 1/3 des Grünkohls sehr fein schneiden, Rest ca. 10 Min. dünsten, die letzten Minuten die Apfelstücke mitdünsten
7. Sojamischung in Jenaer Glas füllen, die Hälfte des feingeschnittenen rohen Grünkohls darüber geben
8. Paprika waschen, putzen, Kerne entfernen, in Streifen schneiden, auf dem rohen Grünkohl verteilen
9. Gedünsteten Grünkohl mit Apfelstückchen auf den Auflauf geben, restlichen rohen Grünkohl darüber verteilen
10. Kartoffelbrei mit Ei und Sahne vermischen und mit Kräutersalz abschmecken, restliche Apfelstücke untermischen und auf den Auflauf verteilen
11. Den Auflauf bei 200°C 20–30 (nicht vorgeheizter Ofen) Minuten backen
12. Käse mit Kleie und Semmelbröseln mischen, über dem Auflauf verstreuen und ca. weitere 10 Min. backen, bis der Käse geschmolzen ist.

Gemüseplatte

KA

2 Pers.

35–45 Min.

Zutaten:

200 g Broccoli
1/8 Liter Wasser
Salz
200 g (grüner) Spargel oder Kohlrabi
2 TL Zitronensaft
am besten frisch gepresst
100 g Möhren
2 TL Palmfett oder Olivenöl
1 EL Vollkornbrösel

Dazu passen z. B. Kartoffelbrei oder auch Pellkartoffeln.

Grüner Spargel ist wesentlich zeitsparender zuzubereiten als weißer. Das Schälen entfällt – nur die holzigen Enden müssen abgeschnitten werden und er ist schneller weichgekocht. Zudem ist grüner Spargel nährstoffreicher, aromatischer und enthält Chlorophyll als zusätzlichen Anti-Krebs-Wirkstoff.

1. Broccoli waschen, holzige Stiele entfernen, Röschen beiseite legen, restlichen Brokkoli klein schneiden
2. Spargel waschen, (weißen Spargel schälen) holzige Enden abschneiden
3. Beide Gemüsearten zusammen mit dem Zitronensaft in etwa 1 Liter Wasser ca. 8 Minuten kochen. Das genügt für grünen Spargel, weiße Sorte evtl. länger kochen
4. Möhren waschen, putzen und klein schneiden (dünne Scheiben oder Stifte)
5. 1 TL Fett in einem Topf erhitzen. Möhren darin kurz andünsten, mit dem restlichen Wasser aufgießen, nach Geschmack salzen und in ca. 5 Minuten zugedeckt bei schwacher Hitze bissfest dünsten
6. Vollkornbrösel mit 1 TL Butter goldbraun anbraten.
7. Broccoli und Spargel aus dem Sud nehmen, Flüssigkeit beiseite stellen und für Gemüsesuppe etc. verwenden
8. Gemüse mit den Möhren und den rohen Brokkoliröschen gemeinsam anrichten, Brösel darüber streuen.

2 Pers.

10–15 Min.

Seefisch in Kapernsoße

S

KA

Zutaten:

300 g Fischfilet
(Seelachs, Schollenfilet, Rotbarsch oder anderes Meeresfischfilet aufgetaut oder frisch)
Salz
Pfeffer
wenig Palmfett zum Braten
Saft von 1/2 Zitrone
4 EL Sauerrahm
2 EL Kapern

1. Fisch waschen, bei Gefrierfisch: aufgetauten Fisch ebenfalls waschen und das Wasser verwerfen (oft phosphathaltig)
2. Mit Salz und Pfeffer würzen
3. In Palmfett bei kleiner Hitze pro Seite etwa 1/2 Min. bzw. 2 oder 3 Min. (je nach Dicke des Filets und Fischart) braten
4. Fisch aus der Pfanne nehmen, warm stellen
5. Zum Pfannensud Zitronensaft und Sauerrahm geben
6. Kapern unterrühren und das Ganze erhitzen
7. Kapernsoße über den Fisch verteilen

Dazu passen Pell- oder andere Kartoffeln und Salat der Saison.

3 Pers.

ca. 30 Min.

Lauch-Fisch-Pfanne

S

KA

Zutaten:

500 g Rotbarsch- oder Seelachsfilet
1 EL Zitronensaft
250 g Lauch
1 EL Olivenöl oder Palmfett
Salz
Pfeffer (möglichst frisch gemahlen)
1 EL Senf
100 g saure Sahne (10 % Fett)

1. Fischfilet kurz waschen, trocken tupfen und in zwei Finger breite Streifen schneiden
2. Zitronensaft über den Fisch träufeln
3. Lauch waschen, putzen, in Ringe schneiden
4. Fett in einer Deckelpfanne erhitzen und den Lauch darin andünsten
5. Fisch zugeben, mit Salz und Pfeffer würzen
6. Zugedeckt 5 Min. bei milder Hitze dünsten
7. Senf und Sahne verquirlen und über den Fisch gießen
8. Alles vorsichtig mischen, ohne dass der Fisch zerfällt und 5 Min. schmoren lassen
9. Abschmecken und genießen

Dazu passt Reis und Salat.

S
KA

Überbackener Spargel

3 Pers.
60–75 Min.

Zutaten:

1,5 kg weißer oder grüner Spargel
40 g Butter
40 g Vollkornmehl
oder
selbst gemahlenes Mehl
1/4 Liter Milch
4–5 El Sahne
Salz
Pfeffer
Muskat
6 Eier
200 g geriebener Hartkäse
(Gouda, Bergkäse oder Emmentaler)
ca. 3 EL Semmelbrösel

1. Eier aufsetzen und hart kochen
2. Spargel schälen und holzige Enden abschneiden (bei grünem nur letzteres) und waschen
3. Spargel in Salzwasser ca. 10–15 Min garen, grünen nur etwa 8 Min.
4. 1/4 Liter Spargelbrühe für das Rezept aufheben, Rest für andere Gemüsesuppe oder ähnliche Zwecke aufheben (evtl. einfrieren)
5. 30 g Butter zerlassen, Mehl darin kurz anschwitzen
6. Langsam Milch, Sahne und 1/4 Liter Spargelwasser zugießen, rühren, dicklich einkochen lassen
7. Die Gewürze zu der Soße geben
8. Spargel in eine Auflaufform geben
9. Eier schälen, in Scheiben schneiden, auf den Spargel legen und die Soße darüber gießen. Die Form darf nur bis ca. 1–2 cm unter den Rand gefüllt werden, damit die Soße nicht überkocht
10. Käse mit Semmelbröseln vermischen und über die Soße streuen
11. Das Gericht bei 220° C ca. 10 Min. garen, bis der Käse geschmolzen und die Oberfläche leicht bräunlich ist

Zu diesem köstlichen Gericht schmecken Pellkartoffeln und grüner Salat.

Spargel enthält ß-Carotine und Saponine, ist reich an B-Vitaminen, vielen Mineralstoffen und außerdem kalorienarm. Dass er – mit entsprechenden Rezepten wie hier – ausgezeichnet schmeckt, macht ihn zum idealen Anti-Krebs-Mittel. Bei hohem Harnsäurespiegel, einem Nierenschaden oder einer Allergie bitte vorsichtig sein und den Arzt fragen.

2 Pers.

25–30 Min.

Gebratenes Rotbarschfilet mit Quarksoße

S

KA

Zutaten:

400 g Rotbarschfilet
(alternativ: Kabeljau, Seelachs)
3 Scheiben Knäckebrot
2 EL Zitronensaft
Salz, Pfeffer
100 g Magerquark
2 EL saure Sahne oder Crème fraîche
2 TL Kapern
1–2 milchsauer vergorene Dillgurken
(zur Not Essiggurken verwenden)
1 mittlere Zwiebel (ca. 70–100 g)
1 kleine Knoblauchzehe
1 EL Olivenöl

1. Knäckebrot fein zerkrümeln
2. Frischen oder aufgetauten Fisch waschen
3. Mit Zitronensaft beträufeln
4. Mit Salz und Pfeffer würzen
5. Den Fisch im Knäckebrot wenden und im Öl pro Seite etwa 3 Minuten bei kleiner bis mittlerer Hitze braten
6. Inzwischen Essiggurke würfeln
7. Zwiebel und Knoblauch pellen, zerkleinern
8. Quark mit saurere Sahne, Essiggurke, Knoblauch, Zwiebel und Kapern mischen
9. Mit Salz und Pfeffer abschmecken

Der gebratene Fisch schmeckt zu Pell- oder Ofenkartoffeln und einem grünen Salat. Kaloriensparende Alternative: Fisch waschen, mit Kräutersalz auf beiden Seiten würzen, in feuerfeste Form legen und ca. 5 Minuten grillen oder bei 250° C backen.

2 Pers.

15–25 Min.

Weizenbratlinge

Zutaten:

Ca. 80 g Weizenkörner
2 kleinere Zwiebeln (etwa 100 g)
20 g Sonnenblumenkerne
2 Eier, Petersilie
1 EL geriebener Käse
(Emmentaler, Gouda, Seetaler, Frankendamer …)
Pfeffer und Salz zum Abschmecken
Palmfett oder Olivenöl zum Braten

1. 1,5–3 Tage vorher Weizenkörner zum Keimen ansetzen, 2mal täglich wässern
2. Käse reiben
3. Zwiebel schälen und klein raspeln
4. Keimlinge gründlich waschen und mit Zwiebeln, Sonnenblumenkernen, Eiern und geriebenem Käse verrühren
5. Mit Salz und Pfeffer abschmecken
6. Jeweils 1 EL der Masse in das heiße Fett geben
7. Bei mittlerer bis kleiner Hitze braten, bis sich die Bratlinge vom Pfannenboden lösen
8. Wenden und auf der 2. Seite braten

Mit Salat der Saison servieren

Spaghetti mit Tomaten-Zucchini-Soße

3–4 Pers.

KA sehr fein **25–40 Min.**

Zutaten:

600 g frische Zucchini
600 g frische Tomaten
200 g möglichst frische oder
150 g Dosen-Champignons
1–2 große Zwiebel (ca. 200 g)
1 kleine Knoblauchzehe
Olivenöl zum Anbraten
3 EL Sahne
2 EL geriebenen Gouda
oder Emmentaler
Spaghetti nach Appetit,
wenn möglich Vollkornspaghetti
Spaghettigewürz
Salz und Pfeffer
entsprechend der Jahreszeit:
frische Schnittlauchröllchen

1. Nudeln in Salzwasser bissfest garen
2. Zucchini putzen, waschen und raspeln
3. Tomaten waschen, Stielansatz entfernen und würfeln
4. Zwiebeln und Knoblauchzehe schälen, klein schneiden
5. Champignons putzen, waschen und raspeln
6. Zwiebelgemisch in etwas Olivenöl anbraten
7. Zucchini anbraten, dünsten, bis sie fast gar sind
8. Tomaten und Champignons untermischen und kurz mitdünsten
9. Mit Spaghettigewürz abschmecken, nochmals aufkochen
10. Sahne und Käse untermischen, mit Salz und Pfeffer abschmecken
11. Schnittlauchröllchen untermischen und zu den Nudeln servieren

Sollte die Soße sehr flüssig geraten sein, kann man die angekochten (5 Minuten) Nudeln darin zu Ende kochen.

Tofubratlinge

2 Pers.

45–50 Min.

Zutaten:

3 EL Vollkornweizenmehl
200 g Suppengemüse
100 g Tofu
2 Eier
1 kleine Zwiebel (ca. 50 g)
2 TL Semmelbrösel
Salz
Pfeffer, möglichst frisch gemahlen
2 kleine oder 1 große Knoblauchzehe
2 TL Schnittlauchröhrchen
Palmfett oder Olivenöl

1. Suppengemüse putzen, waschen und mit der Zwiebel und dem Knoblauch (beide gepellt) raspeln
2. Tofu mit einer Gabel zerdrücken und mit Ei, Gemüse, Mehl und Semmelbröseln mischen
3. Mit Salz und Pfeffer abschmecken
4. Fett in Pfanne erhitzen und Bratlinge mit einem Löffel formen und im heißen Fett unter mehrmaligem Wenden etwa 10 Min. braten
5. Mit den Gewürzen abschmecken und Schnittlauch untermischen

   Schmeckt gut zu Pellkartoffeln und grünem Salat.

3 Pers.
ca.40 Min.

Blumenkohlauflauf

S

Zutaten:

1 mittlerer Blumenkohlkopf
1–2 mittlere Zwiebeln
1–2 gestrichene EL gekörnte Gemüsebrühe
(z. B. Würzl aus dem Naturkostladen)
Wasser, Salz
(evtl. durch Gemüsebrühe unnötig)
1 El Mehl, möglichst Vollkorn
Palm- oder Kokosfett
1 Ei
Muskat und Pfeffer
150–200 g geriebener Hartkäse
(Emmentaler, Gouda, Bergkäse …)

1. Blumenkohl putzen und Strunk entfernen
2. Blumenkohl zerteilen, waschen und in Salzwasser 10–15 Min. kochen
3. Zwiebel klein schneiden, in Fett anrösten
4. Mehl dazugeben und etwas rösten
5. Mit Blumenkohlkochwasser ablöschen, mit geriebenem Muskat, Pfeffer und fertiger Gemüsebrühe abschmecken, kochen lassen
6. Rohes Ei unterrühren, aufkochen
7. Gekochten Blumenkohl aus dem Salzwasser heben und in eine Auflauf-Form geben
8. Die Mischung aus Ei und Blumenkohlkochwasser darübergießen
9. Mit geriebenem Käse bestreut 10 Minuten bei 200°C überbacken

Dazu grünen Salat servieren.

2 Pers.
20–30 Min.

Couscous-Plinsen mit Schnittlauch

Zutaten:

1 Tasse Couscous (ca. 100 g)
2 Tassen Wasser mit fertiger Gemüsebrühe (200 ml)
1 Ei, 1 Möhre
1 kleine Zwiebel (ca. 40–50 g)
1 kleine Knoblauchzehe
1 Bund Schnittlauch
(kann, falls nicht verfügbar, durch ganz fein geschnittenen Lauch ersetzt werden)
Liebstöckl, Curry und Pfeffer
Olivenöl, Kokos- oder Palmfett

1. Wasser aufkochen, gekörnte Gemüsebrühe auflösen, Couscous in die Gemüsebrühe ein rühren, Herdplatte ausschalten und 20 Min. ziehen lassen
2. Möhre waschen und raspeln
3. Zwiebel und Knoblauch pellen, raspeln
4. Schnittlauch waschen und in feine Röhrchen schneiden
5. Alles mit dem Ei mischen, würzen und abschmecken
6. Aus der Masse kleine Häufchen formen und auf beiden Seiten ausbraten

Dazu ein Salat aus Tomaten, rotem Paprika und Mohrrüben reichen.
Schmeckt auch kalt sehr gut und kann als Semmel- oder Brotbelag für Picknicks oder als Pausenfrühstück verwendet werden.

Gratin aus Spinat

2 Pers.

ca. 45 Min.

Zutaten:

500–750 g Spinat
1 Zwiebel
2 kleine Knoblauchzehen
2 TL Palmfett oder Olivenöl
150 g Hartkäse, z. B. junger Gouda
(in Bioqualität, da hier kein Nitrat verwendet werden darf)
Salz
Muskatnuß
Pfeffer, möglichst frisch gemahlen
2 Eier
6 EL Sahne
25 g Parmesankäse

1. Spinat waschen, schadhafte Blätter entfernen
2. Zwiebel und Knoblauchzehe schälen, klein schneiden
3. Fett in einem großen Topf erhitzen, Zwiebel und Knoblauch darin glasig werden lassen
4. Inzwischen Käse fein würfeln
5. Spinat in den Topf geben, schonend erhitzen und zerfallen lassen
6. Mit den Gewürzen abschmecken
7. Spinat abwechselnd mit dem Käse in eine feuerfeste Form füllen, mit Spinat abschließen Eier, Sahne und Parmesankäse mischen und über das Gratin verteilen
8. Die Form bei 220°C 10 Minuten überbacken

   Dazu passen Kartoffeln und Salat.

Spinat wurde früher üblicherweise in kochendes Wasser gegeben und die Flüssigkeit am Ende der Zubereitung verworfen. Dabei gingen jedoch viele wertvolle Inhaltsstoffe, die sich im Wasser lösen, verloren. Die hier aufgezeigte Zubereitungsart bedeutet wesentlich mehr Nährstoffe.

Spaghetti mit Tomatensoße

2 Pers.

ca. 30 Min.

Zutaten:

entsprechende Menge Spaghetti
Salz für Kochwasser
1000 g Tomaten (frisch, funktioniert aber auch mit gefrorenen)
2 Zwiebeln (ca. 200 g)
3 mittlere Knoblauchzehen
Basilikum, Oregano
Thymian
Salz und Pfeffer zum Würzen
Hefeflocken, falls vorrätig

1. Spaghetti in Salzwasser „bissfest" kochen
2. Tomaten waschen, Stielansatz entfernen und vierteln
3. Zwiebeln und Knoblauch pellen, klein schneiden
4. Zwiebelgemisch in einem Topf anbraten
5. Tomaten hinzufügen und einige Minuten dünsten, bis man die Tomaten pürieren kann (kann aber auch so gegessen werden)
6. Pürieren, würzen und abschmecken

   Die Soße schmeckt nicht nur zu Nudeln, auch zu Bratlingen kann man sie genießen.

4 Pers.
30–40 Min.

Brokkolispaghetti à la Moni

S
KA

Zutaten:

800 g Brokkoli
250 g Sahne oder Crème fraîche
7 EL Parmesan oder geriebenen Emmentaler
Pfeffer
Muskat
evtl. Salz
evtl. gekörnte Gemüsebrühe

Soße zu den Nudeln reichen

1. Brokkoli waschen, trockene, holzige Strunkenden und sonstige schlechte Stellen entfernen
2. Brokkolistiele in Scheiben schneiden und dünsten, bis sie weich sind (ca. 10–15 Min.), dafür ausreichend Wasser verwenden, um die Konsistenz der Soße zu steuern
3. Spaghetti in Salzwasser „bissfest“ kochen
4. Brokkoliröschen klein schneiden, einige beiseite stellen, die restlichen etwa 2 Min. mitdünsten, und dann alle Brokkoliteile pürieren
5. Mit der Sahne, dem Pfeffer und Käse vermischen, letzteren schmelzen lassen
6. Aufgehobene Brokkoliröschen unterrühren
7. Mit Gemüsebrühe abschmecken, Käse reicht möglicherweise ebenfalls zum Würzen, damit kann das Salz eingespart werden

3 Pers.
30 Min.

Spaghetti mit Paprikasoße

KA

Zutaten:

3 rote Paprika (ca. 1000 g)
1/2 Sellerieknolle (ca. 400 g)
(schmeckt ohne Sellerie nicht halb so gut!)
100 g milchsauer vergorenen Sellerie
(zur Krebsabwehr, erhältlich im Reformhaus)
1–2 Zwiebeln (ca. 150 g)
2–4 Knoblauchzehen
1/2 EL Olivenöl
ca. 1/2 TL Thymian
ca. 1,5 TL Oregano
Salz nach Geschmack
2 EL Zitronensaft
1 gehäufter EL gekörnte Gemüsebrühe, (z. B. Würzl aus dem Naturkostladen)
Pfeffer (möglichst frisch gemahlen)

1. Sellerieknolle schälen und in Würfel schneiden
2. Zwiebeln und Knoblauch pellen, fein hacken
3. Öl erhitzen, Zwiebelgemisch darin anbraten
4. Selleriewürfel zugeben, Gemüsebrühe und restl. Gewürze zugeben und mitdünsten (mit ca. 250 ml Wasser aufgießen)
5. Paprikaschoten waschen, Kerne und Stiele entfernen, in Würfel schneiden, zu dem Selleriegemisch hinzugeben und das Ganze noch ca. 10–15 Min. bei kleiner Hitze garen, bis die Paprikastücke weich sind
6. Gemüse pürieren und mit Zitronensaft, Salz oder besser Gemüsebrühe und Pfeffer abschmecken
7. Nochmals aufkochen und ca. 15 Min. stehen lassen, evtl. nachwürzen

Spaghetti vegetarisch alla Bolognese

4 Pers.

KA

45–55 Min.

Zutaten:

100 g Soja-Granulat
(im Naturkostladen oder Reformhaus, s. Bild)
200 ml Gemüsebrühe
(200 ml Wasser und 1 EL gekörnte Gemüsebrühe kurz aufkochen, anschließend abkühlen)
400 g möglichst frische Tomaten
1 Zwiebel
1–2 Knoblauchzehen
200 g frische Champignons
2 EL Olivenöl
ca. 150 g Tomatenmark
1 EL Essig
Prise Zucker
gekörnte Gemüsebrühe (z. B. Würzl)
Oregano oder Thymian
Rosmarin
Spaghettigewürz
Kräuter der Provence
50 ml Sauerrahm zum Verfeinern
(Crème fraîche oder auch süße Sahne)

1. Sojagranulat in Wasser ca. 10 Min. einweichen
2. Inzwischen Zwiebel und Knoblauch pellen und fein schneiden
3. Tomaten waschen, Stielansatz entfernen und achteln
4. Pilze säubern, schadhafte Stellen entfernen und in Scheiben schneiden
5. Restliche Zutaten vorbereiten
6. Zwiebelgemisch in Öl leicht andünsten
7. Soja und Tomaten unterrühren, 10 Minuten dünsten
8. Pilze zugeben und nochmals einige Minuten dünsten
9. Mit Gemüsebrühe auffüllen
10. Tomatenmark, Zucker und Essig unterrühren, mit den Gewürzen abschmecken
11. Ca. 10 Minuten gar dünsten, evtl. nachwürzen
12. Vor dem Essen mit der Sahne verfeinern
13. Soße über Nudeln aus Hartweizengrieß geben und mit grünem Salat servieren

Schmeckt am besten, wenn es erst am nächsten Tag gegessen wird. Der Vorteil ist, es schmeckt körnig und man kann das Soja-Granulat zubereiten, wenn man Lust hat, und ist nicht auf frisches Hackfleisch angewiesen. Es eignet sich auch hervorragend zum Einfrieren.

4–6 Pers.

60 Min.

Schnelles Raclette für Gäste

S

Zutaten für 1 Person:

250 g Kartoffeln/Person
Butter nach Bedarf
Salz
150–200 g Raclettekäse/Person in Scheiben
(Alternativ: Tilsiter- oder Butterkäsescheiben)
je nach Wunsch und Saison:
Maiskölbchen aus dem Glas
Ananas- oder Birnenstückchen
frische Champignons
frische Brokkoliröschen
milchsaures Allerlei
milchsaure Dillgurken
(erhältlich im Reformhaus)
Cornichons
frische Paprika
frische Tomaten
Auf Wunsch: 100 g Schinken/Person
(nicht zur Krebsvorsorge, sondern für Gäste, die nicht auf Fleisch verzichten möchten)

1. Kartoffeln waschen, gründlich bürsten und bevor die Gäste kommen im Schnellkochtopf weich kochen
2. Die anderen Zutaten waschen, klein schneiden oder anderweitig vorbereiten
3. Beim Essen: Jeweils Zwiebeln, Champignons oder andere Zutaten – je nach Wunsch – auf ein Pfännchen legen, eine Käsescheibe darüber und im Raclette grillen

Je nach Wunsch geschälte oder ungeschälte Kartoffeln anbieten.

Dazu einen frischen Salat reichen (s. Salat-Rezepte) und als Nachspeise vielleicht ein selbst gemachtes Erdbeereis oder ein anderes delikates Dessert oder vielleicht eine Suppe aus diesem Kochbuch? Dann haben Sie nicht nur für sich, sondern auch für Ihre Gäste etwas Gutes getan.

S

KA

Aprikosendessert

1 Pers.

ca. 15 Min.

Zutaten:

3 reife Aprikosen
(ca. 100 g mit Kernen)
2 TL Honig oder mehr
(am besten flüssigen Honig, damit er leichter unterzurühren ist, z. B. Akazienhonig)
200 g Magerjoghurt
25 g Magerquark
Zimt
Weizenkleie und/oder Leinsamen zum Verzieren

1. Aprikosen waschen, halbieren, schadhafte Stellen entfernen
2. Aprikosen zu drei Viertel pürieren
3. Pürree mit dem Honig, Joghurt, Zimt und Quark vermischen und abschmecken
4. Über die restlichen Aprikosen geben
5. Mit der Kleie, dem Leinsamen und Aprikosenkernen verzieren
6. Kann auch zu Müsli gegessen werden

Erdbeereis

2–3 Pers.
30–40 Min.

Zutaten:

200 g Erdbeeren,
möglichst frisch, sonst gefroren
50 g Zucker
1 TL Zitronensaft
220–250 ml Milch, 1,5 %
(auch H-Milch möglich)
50 g Sahne

1. Erdbeeren waschen und putzen, größere halbieren oder vierteln
2. Gefrorene Erdbeeren – entsprechend der Gebrauchsanweisung Ihres Mixers oder Pürierstabes – nur antauen oder auftauen lassen
3. Fruchtsaft der aufgetauten Erdbeeren nur bedingt der Masse zugeben
4. Mit dem Zitronensaft, dem Zucker und der Milch pürieren
5. Sahne schlagen und untermischen
6. Am besten in einer Eismaschine gefrieren

Das Erdbeereis ist köstlich, hat viel Vitamin C, aber leider auch einige Kalorien.
Mit weniger Kalorien können Sie das Erdbeereis herstellen, wenn Sie die unten stehende Variante nehmen.

Erdbeereis – kalorienarme Variante

3 Pers.
30–40 Min.
KA

Zutaten:

250 g Erdbeeren
möglichst frisch, sonst gefroren
50 g Zucker
1 TL Zitronensaft
300–400 ml Milch 1,5 %
(zur Not auch H-Milch möglich)
1/2 TL (entsprechend 1 ml) Xanthan

1. Erdbeeren waschen und putzen, größere halbieren oder vierteln
2. wenn Sie gefrorene Erdbeeren verwenden – siehe bei Erdbeereis
3. Mit dem Zitronensaft, dem Zucker, Xanthan und der Milch pürieren
4. Am besten in einer Eismaschine gefrieren.

Das Besondere an diesem Rezept ist die Zugabe von Xanthan, damit das Eis cremig wird, keine Kristalle bildet und problemlos ohne Sahne und Eigelb – also kalorienarm – herzustellen ist. Der – auch für Öko-Lebensmittel zugelassene – Zusatzstoff, der die Bezeichnung E415 führt, gilt als unbedenkliches Verdickungs- und Geliermittel auf pflanzlicher Basis. Sie erhalten ihn z. B. in den Geschäften, die Hobbythek-Waren führen.

Obstsalat

KA

2 Pers.

20–30 Min.

Zutaten:

1,5 Orangen
1 Kiwi
1 kleiner Apfel (ca. 80 g)
1 Banane (ca. 150 g)
etwas Zimt und Zucker
Saft einer halben Orange
2 TL Zitronensaft
1 EL Rosinen
(100 g Erdbeeren, falls gefroren vorhanden, frische Erdbeeren zur Orangenzeit haben lange Transportwege hinter sich!)

1. Alles in eine vorbereitete Porzellan- oder Glasschüssel geben:
2. Orangen schälen, in feine Scheiben schneiden
3. Apfel waschen, Kerngehäuse entfernen und ebenfalls in feine Scheiben schneiden
4. Kiwi und Banane schälen und in feine Scheiben schneiden
5. Eventuell vorhandene Erdbeeren zerkleinern
6. Rosinen waschen und zugeben
7. Etwas Zucker und Zimt sowie Orangen- und Zitronensaft darübergeben, alles mischen
8. Abschmecken und genießen

Variationsmöglichkeit: Statt mit Orangen- und Zitronensaft anzumachen, kann man 125 g Kefir oder Joghurt mit einer weiteren Banane pürieren und über die Früchte geben, bzw. zum Salat servieren.

Erdbeer-Schnee

S
KA

3 Pers.

10–20 Min.

Zutaten:

300 g Erdbeeren
(frisch oder gefroren)
75 g Zucker
2 Eiweiß
1 EL frischer Zitronensaft

1. Erdbeeren waschen, putzen und mit einer Gabel zerdrücken (evtl. pürieren)
2. Eiweiß, Erdbeeren, Zucker und Zitronensaft in eine Rührschüssel geben
3. Mischung zu einer zarten, schaumigen Masse schlagen
4. Mit Zitronensaft und Zucker abschmecken

Schmeckt herrlich frisch und ist auch noch gesund. Ein kalorienarmer und Vitamin C-reicher Genuß – auch für Gäste.

2 Pers.

10–20 Min.

Brombeercreme

S

Zutaten:

150 g Brombeeren
(frisch oder gefroren)
1/4 l Milch 3,5 % Fett,
(bei weniger Fettgehalt brennt die Milch zu leicht an)
1 EL Zucker
2 gestrichene EL Speisestärke
1 Eigelb
2 EL Wasser
1 Eiweiß

1. Milch und Zucker in einem Topf zum Kochen bringen
2. Zwischenzeitlich die Speisestärke mit Wasser glattrühren und das Eigelb unterrühren
3. Mischung zur Milch geben und alles einmal aufwallen lassen
4. Pudding vom Herd nehmen, abkühlen lassen
5. Brombeeren waschen und abtropfen lassen
6. Einige Beeren zum Verzieren beiseite stellen, den Rest mit einer Gabel zerdrücken
7. Eiweiß steif schlagen
8. Erst das Brombeerpüree, dann den Eischnee vorsichtig unter den Pudding ziehen
9. Die Creme mit den zurückbehaltenen Brombeeren verzieren und bis zum Servieren kalt stellen

2 Pers.

ca. 25 Min.

Soufflé aus Aprikosen

Zutaten:

250 g frische, reife Aprikosen
Schale von einer halben unbehandelten Zitrone
etwa 2 TL Zucker
(je nach Reifegrad der Aprikosen)
3 Eier
etwas Palmfett
50 g Mandelblättchen oder -stifte

1. Aprikosen waschen, entsteinen und halbieren
2. Früchte pürieren
3. Eiweiß sehr steif schlagen
4. Inzwischen Aprikosenmus mit den Eidottern, der Zitronenschale und dem Zucker gründlich vermischen
5. Eischnee unter die Mischung heben
6. Souffléform oder feuerfeste Glasschale fetten
7. Aprikosenmischung in die Form füllen und mit den Mandeln bestreuen
8. Bei 180° C 15–20 Minuten backen (20 Minuten auf der untersten Schiene)
9. Heiß servieren

Dazu passt Vanillesoße.

Heidelbeer-Kaltschale

2 Pers.

25–30 Min.

Zutaten:

500 g Heidelbeeren
250 ml Wasser
60 g Zucker
1/2 EL Stärkemehl
1 Eiweiß
30 g gemahlene Mandeln

1. Heidelbeeren verlesen und waschen (Vorsicht: evtl. schimmelige Stellen am Blütenansatz)
2. Beeren mit Wasser und eingerührten Zucker zum Kochen bringen
3. Stärkemehl in einer separaten Tasse mit 1–2 EL Wasser anrühren und die Suppe damit binden
4. Kalt stellen
5. Vor dem Servieren Eiweiß sehr steif schlagen
6. Mandeln unterziehen
7. Eiweißbällchen in kochendes Wasser geben und etwas fest werden lassen
8. Kaltschale damit verzieren.

S

Heidelbeermousse

2–3 Pers.

ca. 15 Min.

Zutaten:

200 g Heidelbeeren (möglichst frisch, sonst gefroren)
etwas Vanillezucker
knappe Prise Salz
150 g Magerquark
2 EL Stärkemehl
50 g Puderzucker
100 ml Sahne
2, besser 3 Eiweiß

1. Heidelbeeren waschen, verlesen, mit etwas Vanillezucker bestreuen
2. Quark mit Salz und Stärkemehl verrühren
3. Puderzucker unterrühren
4. Sahne und Eiweiß steif schlagen
5. Beides vorsichtig unter die Quarkmasse heben
6. Einge Heidelbeeren zum Verzieren zur Seite stellen, etwa 40–50 g als ganze Früchte unter die Quarkmasse heben, den Rest püriert
7. Nach Möglichkeit sofort genießen

Tomatenbrötchen mit Kresse oder Keimlingen

1-2 Bröt.
5–10 Min.

S
KA

Zutaten:

Vollkornbrötchen oder
1 Scheibe Vollkornbrot
1 Tomate/Brötchen
2 Handvoll Rettich- oder Alfalfasamen oder
1/2 Kästchen Kresse/Brötchen
Salz und Pfeffer zum Würzen
1 TL Zitronensaft/Brötchen

1. Keimlinge 3 Tage vorher ansetzen, 2mal wässern pro Tag
2. Tomate/n waschen, Stielansatz entfernen, in Scheiben schneiden
3. Brötchenhälfte oder Scheibe Brot mit Tomatenscheiben und gründlich gewaschenen Keimlingen belegen
4. Mit Salz, Pfeffer und Zitronensaft würzen

Dies Abendessen ist sowohl mit Kresse als auch Keimlingen krebsvorbeugend.

Gefüllte Tomaten

2 Pers.
15–20 Min.

S

Zutaten:

4 Tomaten (400–500 g)
100 g Feta
1 kleine Zwiebel
2 kleine Knoblauchzehen
1/2 Bund Schnittlauch

1. Die Tomaten waschen und einen Deckel abschneiden
2. Tomaten aushöhlen
3. Grill oder den Backofen auf 250° C vorheizen
4. Feta grob zerdrücken
5. Zwiebel und Knoblauch pellen und klein schneiden
6. Zwiebelgemisch mit Feta mischen
7. Fetamischung in die Tomaten einfüllen
8. Tomatendeckel wieder aufsetzen
9. Tomaten im heißen Grill oder Backofen ca. 15 Minuten garen (Käse sollte schmelzen)
10. Inzwischen Schnittlauch waschen und zu feinen Röhrchen schneiden
11. Fertige Tomaten mit Schnittlauch bestreuen

Dazu passt Grüner Salat, dem man die Tomateninhalte zugeben kann, und Pellkartoffeln.

S
KA

Marinierte weiße Bohnen in Zitronensaft

1 Pers.
ca. 15 Min.

Vor dem Servieren 4–6 Stunden ziehen lassen

Zutaten:

1 große Zwiebel (120–150 g)
1 Knoblauchzehe
1 TL Olivenöl
70 g getrocknete weiße Bohnen
2 TL gekörnte Gemüsebrühe
(z. B. Würzl, s. Küchentechniken)
Saft einer halben Zitrone
Salz, Pfeffer
Bohnenkraut
Schnittlauchröllchen
1 Scheibe Vollkornbrot oder
1 Vollkornbrötchen

1. Bohnen am Vorabend in doppelter Menge Wasser einweichen
2. Am nächsten Tag Wasser abgießen, Bohnen gut spülen, mit doppelter Menge Wasser und 1 TL gekörnte Gemüsebrühe in Schnellkochtopf geben, Topf verschließen, hochheizen, sobald Gefäß dichtet, ausschalten
3. Zwiebel pellen und in Ringe schneiden
4. Knoblauchzehe durch die Knoblauchpresse drücken (besser klein hacken)
5. Beides in Öl bei schwacher Hitze glasig braten
6. Abgekühlte Bohnen mit restlichem Kochwasser, mindestens 5 EL Wasser mit 1 TL gekörnter Gemüsebrühe aufkochen, 5 Minuten garen
7. Mit Zitronensaft, Salz und Pfeffer mischen, 4–6 Stunden ziehen lassen
8. Mit Schnittlauch verzieren, dazu 1 Scheibe Vollkornbrot oder 1 Vollkornbrötchen servieren

S
KA

Schnelles Bohnengemüse mit Bordeaux-Kartoffeln

2 Pers.
20–25 Min.

Zutaten:

400 g grüne Bohnen
(fertig gekocht, aufgetaut und nach Anweisung fertig vorbereitet)
1 Knoblauchzehe
1 mittlere Zwiebel
1 TL Olivenöl, Salz, Pfeffer
ca. 2 TL Bohnenkraut
Die Kartoffeln:
200 g Pellkartoffeln
2–4 TL Olivenöl
2 EL gehackte Zwiebel
1 Knoblauchzehe
Salz, Thymian, Rosmarin

1. Kartoffel schälen und in Würfel oder Scheiben schneiden, wie für Bratkartoffeln
2. Zwiebel und Knoblauch pellen, klein schneiden
3. Die Hälfte des Zwiebelgemisches glasig braten
4. Kartoffelwürfel hinzufügen und anbraten
5. Mit etwas Salz, Thymian und Rosmarin pikant abschmecken
6. Die zweite Hälfte des Zwiebelgemisches anbraten
7. Bohnen hinzufügen, von allen Seiten anbraten
8. Mit Salz, Pfeffer und Bohnenkraut würzen

Bohnen mit Kartoffeln auf einem Teller anrichten und mit grünem Salat servieren

Sauerteig, kinderleicht selbst hergestellt

2 x 5 Min. **S**

Zutaten:

Für den 1. Schritt:
50 g Roggenmehl
(Type 1150, Vollkornroggenmehl oder frisch gemahlen)
50 ml warmes Wasser (ca. 40°C)

Für den 2. Schritt:
75 g Roggenmehl wie vorher
75 ml warmes Wasser (ca. 40°C)

1. Schritt:

1. Roggenmehl in eine verschließbare Glasschüssel geben und mit dem lauwarmen Wasser anrühren.
2. Die Schüssel verschließen und an einem zugfreien, warmen Platz 2 Tage stehen lassen. Die natürlicherweise vorhandenen Milchsäurebakterien werden durch diesen Schritt aktiviert.

2. Schritt:

1. Die nächste Portion Roggenmehl und das lauwarme Wasser vorsichtig unter den inzwischen leicht säuerlichen Teig rühren.
2. Den Sauerteig weitere 2 Tage stehen lassen. Danach sollte er ein säuerliches Aroma angenommen und sein Volumen vergrößert haben.

Sie möchten Brot backen

Ein Tag vor dem Bratbacken:

• diesen Sauerteig unter eine gleiche Menge Roggenvollkornmehl und lauwarmes Wasser rühren, je nach benötigter Menge
• einen Tag an einem zugfreien, warmen Platz ruhen lassen. Danach sollte er säuerlich riechen.

Am Brot-Back-Tag:

• Bevor Sie diesen Sauerteig verwenden, etwa 50 ml entnehmen und im Kühlschrank in einem verschließbaren Gläschen aufbewahren. So haben Sie immer einen Sauerteig „zur Hand", aus dem Sie die benötigte Menge Sauerteig herstellen können. Er hält im Kühlschrank ca. 1 Woche

Sie werden sehen, die Sauerteigherstellung kostet nicht viel Zeit und ist ganz einfach. Sollten Sie trotzdem Probleme mit dem „Sauerwerden" haben – also die richtigen Kulturen nicht auf dem von Ihnen gewählten Roggenmehl vorhanden sein – kann man dieses Problem leicht mit Buttermilch beseitigen. Da finden sich auf alle Fälle die richtigen Kulturen, außer die Milch wurde aus irgendwelchen, nicht üblichen Gründen sterilisiert (sollte angegeben sein).

Sollte Ihnen der Aufwand dennoch zu groß sein, ist das auch kein Problem. Sie können fertigen Sauerteig von guter Qualität im Reformhaus (Vollkorn-Sauerteig der Marke Natura), den meisten Naturkostfachgeschäften und bei manchen Bäckern bekommen.

S

Knusperbrot

2 Pers.

20–30 Min.

Zutaten:

250 g Weizenvollkornmehl
oder
frisch gemahlenes Weizenmehl
200 g Roggenvollkornmehl
(oder Type 1150, bzw. frisch gemahlen)
Trockenhefe, Menge entsprechend der Anleitung
(alternativ: 40 g frische Hefe)
275 ml lauwarmes Wasser
250 g Sauerteig
Gewürze nach Wunsch: (Kümmel, Koriander …)
1 EL Salz

1. Am Vortag Sauerteig ansetzen mit etwa 50 g fertigem Sauerteig und gut 100 ml lauwarmem Wasser sowie 100 g Roggenmehl. Mischung anrühren
2. An einem trockenen, ruhigen und warmen Ort über Nacht in einem verschlossenen Gefäß stehen lassen (Milchsäurebakterien lieben eine Umgebung mit wenig Sauerstoff), d. h. gären lassen
3. Weizen- und Roggenmehl in einer Schüssel mischen
4. Trockenhefe in lauwarmem Wasser verrühren und unter das Mehl rühren. Der Teig darf nicht zu trocken sein
5. Vorteig mit einem Tuch verdeckt an einem warmen, zugfreien Platz ca. 15 Minuten ruhen lassen
6. Danach den Sauerteig und die Gewürze hinzufügen. *(Achtungt! Nicht vergessen eine kleine Menge Sauerteig zur Bevorratung abzunehmen)*
7. Den Teig so lange kneten (mit Hand oder Knethaken einer stabilen Küchenmaschine, z. B. von Kenwood), bis er sich von der Wand des Gefäßes löst, d. h. ein fester Teig entstanden ist
8. Diesen Teig 1,5 Stunden an einem warmen, zugfreien Platz zugedeckt ruhen lassen. Der Teig muss in dieser Zeit an Volumen zunehmen und sichtbar Blasen geworfen haben
9. Den Teig zu einem Laib formen, Sesam-, Leinsamen, Nüsse etc. untermischen und auf ein mit Mehl bestäubtes Blech legen, mit etwas Wasser bestreichen und nach Geschmack mit Kümmel, Koriander oder Sesamsamen etc. je nach Wunsch bestreuen
10. Das Brot auf der unteren Schiene 50 Minuten bei 220° C backen, dann ausschalten und noch ca. 20 Minuten im Ofen ruhen lassen

Wenn Sie es besonders knusprig wollen, geben Sie den geformten Laib in einen Bratschlauch oder -folie, stechen einige Luftlöcher in die Folie, verschließen nach Vorschrift und legen dann das Brot auf das Backblech. Vorsicht: Den Teig lieber etwas länger ziehen, damit die Folie nicht komplett ausgefüllt wird, denn der Teig muss Platz haben, um an Volumen zunehmen zu können.

Mit dieser Folie sieht das Brot nach dem Backen aus wie ein gekauftes.

Sie werden sich fragen, ob Sie sich jetzt auch noch die Arbeit machen sollen, Brot selbst zu backen, wo man doch so gute Sorten in Bioqualität bekommt. Der Vorteil hier ist, wenn die Zutaten im Hause sind, und Sie gerade Lust auf frisches Brot haben (z. B. am Sonntag ...), können Sie jederzeit eines backen.
Ein weiterer wichtiger Vorteil: Sie können in dieses Brot alles hineinmischen, was krebsvorbeugend ist. Von Sesamsamen über Sonnenblumenkerne, Nüsse, Leinsamen, all das, worauf Sie gerade Lust haben.
Und es gibt Brotbackmaschinen günstig zu kaufen, die mit einer Arbeitszeit von wenigen Minuten ein köstliches Brot entstehen lassen.

Buttermilchsemmeln

ca. 15 Stck.

20–30 Min.

Zutaten:

600 g Weizenvollkornmehl
(falls nicht zur Hand: Type 1050, frisch gemahlenes Weizenmehl oder Mischung aus allem)
10 g Trockenhefe
(alternativ 30 g frische Hefe)
150 ml lauwarmes Wasser
250 ml Buttermilch
2–2,5 TL Salz
zum Bestreuen oder als Füllung nach Belieben: Mohn, Sesamsamen Sonnenblumenkerne Leinsamen, Kürbiskerne

1. Hefe in Wasser einrühren, mit dem Mehl vermischen
2. Diesen Vorteig mit Mehl bestäuben und an warmem, zugfreiem Platz ca. 15 Minuten zugedeckt gehen lassen
3. Anschließend Buttermilch unterkneten, Salz hinzufügen und den Hefeteig so lange kneten, bis sich der Teig von der Rührschüssel löst und Blasen wirft
4. Diesen Brötchenteig zugedeckt an einer warmen, zugfreien Stelle ca. 1 Stunde gehen lassen
5. Den Backofen auf 170° C vorheizen
6. Backblech mit Backpapier belegen, Sonnenblumenkerne, etc. unter den Semmelteig mischen, in ca. 15 Portionen teilen und wie eine Semmel formen
7. Semmeln in Mohn, Sesam, Leinsamen, Kürbiskerne, Nüsse etc. – je nach Wunsch – tauchen und auf das Blech setzen. Sollte die Oberfläche nicht feucht genug sein, mit einem Pinsel mit Wasser bestreichen
8. Auf mittlerer Schiene in ca. 30 Min. goldbraun backen

3-Korn-Semmeln

ca. 16 Stck.

30–40 Min.

Zutaten:

100 g Roggen-, Weizen- und Gerstenkeimlinge
(ca. 50 g Körner, 2–3 Tage vorher ansetzen)
350 g Weizenvollkornmehl
10 g Trockenhefe
200 ml lauwarmes Wasser
250 g Sauerteig
2 gestrichene TL Salz (ca. 4 g)

1. Getreidekörner 2–3 Tage vor dem Backen zum Keimen ansetzen, täglich zweimal wässern
2. Einen Tag vorher ca. 120 ml Wasser und 120 g Roggenmehl mit dem fertigen Sauerteig ansetzen. In einem geschlossenen Gefäß über Nacht gehen lassen
3. Am Tag der Zubereitung Hefe in das Wasser einrühren und zu dem Mehl geben
4. Zu einem Vorteig verrühren und 15 Minuten zugedeckt an einem warmen, zugfreien Ort gehen lassen
5. Rest mit dem Vorteig, den gespülten und gewaschenen Keimlingen und dem Salz vermischen *(Achtungt! Nicht vergessen eine kleine Menge Sauerteig zur Bevorratung abzunehmen)*
6. Teig kneten, bis er sich leicht vom Schüsselrand löst
7. Semmelteig zudecken und an einem warmen Platz etwa 1,5 Stunden gehen lassen
8. Backofen auf 180°C vorheizen, ein Backblech mit Backpapier belegen
9. Teig in ca. 16 Portionen teilen, zu Semmeln formen und auf das Blech setzen
10. Im vorgeheizten Ofen auf 2. Schiene von unten etwa 15 Minuten bei ca. 180° C Umluft goldbraun backen

Sogar Kuchen und Plätzchen können bei der Krebsvorsorge helfen

12 Stück

45–60 Min.

Aprikosenkuchen

KA

Zutaten: Knetteig

175 g Mehl
1 gestr. TL Backpulver
1 Ei, 60 g Zucker
1/2 Päckchen Bio-Vanillezucker
75 g Butter

Zutaten: Belag:

3 EL Mandeln, gehackt oder blättrig geschnitten, evtl. geröstet
Vanillepuddingpulver mit Milch und Zucker
500 g reife Aprikosen
1 gehäufter TL Agar Agar
1/8 l Obstsaft, (Apfelsaft)
1 TL Zucker
1/8 l Wasser

1. Zutaten für den Teig zu einem Knetteig verarbeiten
2. Zu einer runden Teigplatte ausrollen, runde Form ausstechen und in eine Obstkuchenform drücken, Teigreste zu einem Rand formen, an der Kuchenform rund herum anlegen
3. Boden mehrmals mit einer Gabel einstechen
4. Bei 175° C 15–20 Min. backen
5. Vanillepudding nach Vorschrift kochen
6. Aprikosen waschen, entsteinen und halbieren
7. Mandeln rösten oder roh belassen – je nach Geschmack
8. Agar Agar in das Wasser mit Obstsaft und Zucker einrühren, aufkochen und abkühlen lassen
9. 2 EL zerkleinerte Mandeln auf dem inzwischen abgekühlten Kuchenboden aufstreuen
10. Pudding auf den Kuchen gleichmäßig verteilen
11. Boden vollständig mit Aprikosen belegen, Schnittfläche nach unten
12. Kuchen mit dem inzwischen steif werdenden Tortenguss überziehen
13. Kuchenrand mit zerkleinerten Mandeln bestreuen.

Der Kuchen schmeckt auch sehr gut mit Zwetschgen.

KA

Biskuitkuchen mit Erdbeeren

12 Stck.

20 Min.

Zutaten: Teig

4 Eier, getrennt
2 EL Wasser
90 g Zucker
160 g Weizenmehl (Type 1050)
1 TL Backpulver

1. Eiweiß mit dem Wasser steif schlagen
2. Zucker unter ständigem Schlagen dazugeben
3. Die Eigelbe nacheinander unterrühren
4. Das Mehl mit dem Backpulver mischen und vorsichtig unterziehen
5. Springform (26 cm Ø) mit Backpapier auslegen
6. Teig einfüllen, bei 180° C 20–30 Minuten backen
7. Erkalten lassen, quer halbieren

20–30 Min.

Zutaten: Füllung

400 g Magerquark
100 g Joghurt (1,5 % Fett)
1/3 Päckchen Bio-Vanillezucker
100 ml Magermilch
150 ml Wasser
5 TL Agar Agar (entsprechen ca. 10 ml)
75 g Zucker
450 g Erdbeeren
1 EL Zitronensaft

8. Quark, Joghurt, Vanillezucker, Zucker und Zitronensaft verrühren
9. Agar Agar in Milch und Wasser einrühren, unter ständigem Rühren aufkochen und (evtl. etwas abgekühlt) unter die Quark-Joghurt-Masse mischen
10. Erdbeeren waschen, putzen und je nach Größe halbieren, vierteln oder achteln
11. Erdbeeren unter die Quarkmasse heben
12. Mischung zu 3/4 auf den unteren Biskuitboden verstreichen
13. Zweiten Biskuitboden auflegen
14. Restliche Creme über den Kuchen verstreichen
15. Im Kühlschrank kühlen, bis das Agar Agar die Quarkmasse verfestigt hat

12 Stück

45–60 Min.

Quarktorte mit Rosinen und Trauben

Zutaten:

Teig:
wie für Biskuitkuchen mit Erdbeeren

Füllung:
6 TL Agar Agar (entspricht ca. 12 ml)
125 ml Magermilch
1 kg Magerquark
100 g Zucker
Schale und Saft von
einer halben, unbehandelten Zitrone
ca. 1/3 Päckchen eines
Bio-Vanillezuckers
200 ml Sahne
150 g ungeschwefelte Rosinen
250 g kleine, weiße Weintrauben,
möglichst kernlos

1. Teig wie für „Biskuitkuchen mit Erdbeeren", dann:
2. Quark mit Zucker, Zitronenschale und -saft sowie Vanillezucker vermischen
3. Die Sahne steif schlagen
4. Rosinen waschen
5. Trauben ebenfalls waschen, abtropfen lassen
6. Einige Trauben und Rosinen zum Verzieren zur Seite stellen
7. Milch aufsetzen, Agar Agar vorsichtig und langsam unterrühren, unter Rühren aufkochen
8. Agar Agar-Lösung unter die Quarkmasse mischen, Sahne unterheben
9. Etwas Creme zum Verzieren zur Seite stellen
10. Rosinen und Trauben unter restliche Quarkmasse heben
11. Masse auf dem unteren Tortenboden verstreichen
12. Oberen Tortenboden aufsetzen und mit der restlichen Quarkmasse verzieren
13. Rosinen und Trauben zur Verzierung auf der Torte verteilen
14. Im Kühlschrank kalt stellen

Eine kalorienärmere und etwas schnellere Variante ohne Sahne können Sie herstellen, wenn Sie festen, frischen Quark verwenden, dann benötigen Sie nicht einmal Milch und Agar Agar.
Wenn die Konsistenz des Quarks entsprechend fest ist, können Sie die Füllung auch so herstellen. Punkt 3, 7 und 8 entfällt in diesem Fall.

Agar Agar ist ein natürliches, pflanzliches Gelier- und Verdickungsmittel, das aus Rotalgen hergestellt wird. Sie erhalten es Naturkostläden, Reformhäusern und oft auch in der Bioecke von manchem Supermarkt. Es dient als Ersatz für Gelatine.
Da Agar Agar unverdaulich ist und als Ballaststoff verdauungsfördernd wirkt und dazu noch eine Anti-Krebs-Wirkung hat, ist es **die bessere Alternative zur Krebsvorsorge**.
Zudem ist Agar Agar jodhaltig. Damit kann man dem in Deutschland verbreiteten Jodmangel auf köstliche Art entgegenwirken.

S
KA

Aprikosenhäubchen

20 Stück
30–40 Min.

Zutaten:

Aus Alufolie 20 Quadrate von 12 x 12 cm schneiden, mit einem umgedrehten Glas zu Förmchen biegen und auf ein Backblech setzen oder vorgefertigte Papierbackförmchen dieser Größenordnung

Teig:

175 g Butter oder Margarine (weich)
160 g Zucker
ca. 1/2 Päckchen Bio-Vanillezuckers
3 Eier
150 g Speisestärke
75 g Mehl
1/2 TL Backpulver

Belag:

20 Aprikosen (etwa in gleicher Größe der Förmchen oder etwas kleiner)
davon die Hälfte kurz gedünstet
etwa 1 Glas Aprikosenkonfitüre
Zum Verzieren: Aprikosenhälften
gehackte Mandeln

1. Aprikosen waschen, halbieren, entsteinen
2. Butter mit Zucker und Vanillezucker sowie den Eiern gut verrühren, bis eine weißliche Creme entsteht
3. Inzwischen Förmchen auf ein Backblech setzen und den Boden der Förmchen mit einer frischen Aprikosenhälfte belegen
4. Mehl, Speisestärke und Backpulver vorsichtig unter den Teig rühren
5. Je etwa 2 TL Teig über die vorbereiteten Aprikosenhälften verteilen, so dass zum Schluss kein Teig mehr übrig bleibt,
6. Vorsicht: Teig wird während des Backens nahezu flüssig, d. h. die Förmchen dürfen nicht zu voll sein, sonst läuft der Teig darüber hinaus
7. Häubchen 30–35 Minuten bei 175°C 30–35 Minuten backen
8. Nach dem Backen die restlichen Aprikosenhälften auf die Törtchen verteilen
9. Die Törtchen mit (heißer) Aprikosenkonfitüre (die Konfitüre die letzten 10 Minuten in feuerfester Form in den Backofen stellen) überziehen
10. Mit den gehackten Mandeln verzieren

Variante bzw. einfachere Version: Kuchenform mit Backpapier belegen, Aprikosen auf dem Boden verteilen, Teig darüber gießen und in dieser Form backen und weiterverarbeiten.

12 Stück

ca. 30 Min.

Delikatess-Aprikosen-Müsli-Kuchen

Zutaten:

250 g frische Aprikosen
(alternativ: Tiefkühlfrüchte oder Konserve)
150 g Butter oder Margarine
110 g Zucker
3 Eier
250 g Mehl (Type 550 oder besser Vollkornmehl, dann evtl. mehr Milch)
ca. 2 TL Backpulver
1/8 l Milch
150 g Müsli
(mit Leinsamen, Sesam, Rosinen, oder 3-Korn-Flocken, für Kinder z. B. Schokomüsli, Sonnenblumenkernen, Weizenkleie, Nüsse – alles, worauf Sie gerade Lust haben und was krebsvorbeugend ist, kann hier hinein, wie eben in ein Müsli)

1. Fett vorab aus dem Kühlschrank nehmen, damit es zum Verrühren weich ist
2. Aprikosen waschen, halbieren, Kern entfernen (bei Konserve Saft abtropfen lassen)
3. Fett mit Zucker und Eier schaumig schlagen
4. Mehl, Backpulver und Müsli unterrühren
5. Nach und nach die Milch zufügen
6. Ofen auf 180°C vorheizen
7. 2/3 des Teiges in eine gefettete und mit Semmel- oder Keksbrösel ausgestreute Springform füllen (26 cm Durchmesser)
8. Die Aprikosenhälften darauf verteilen und den restlichen Teig darüber streichen
9. Obstkuchen in den vorgeheizten Backofen auf der unteren Einschubleiste 50 Minuten backen
10. Abkühlen lassen und genießen

Variationsmöglichkeiten bietet das zugesetzte Müsli und die Früchte. So eignen sich auch Pfirsiche, Äpfel und Kirschen für diesen Kuchen.

1 Torte

ca. 30 Min.

Möhrentorte

Zutaten:

5 Eier
220 g Zucker
1/3 Päckchen Bio-Vanillezucker
Saft von einer halben Zitrone
250 g Karotten
250 g gemahlene Mandeln
1 EL Mehl
Zimt nach Geschmack
Schokoladenglasur
Backpapier

1. Eier trennen und Eiklar zu Eischnee schlagen
2. Unterdessen Möhren waschen, putzen und nach Möglichkeit mit Schale kleinraspeln
3. Eigelb mit Zucker sehr schaumig rühren
4. Zitronensaft, geriebene Mandeln, Zimt und Mehl unterrühren
5. Zuletzt Eischnee unterheben
6. In mit Backpapier ausgelegte Tortenform füllen und 45 Min. bei 180–200°C backen
7. Zur Verzierung mit Schokoladenglasur überziehen

Schnelle Schoko-Flockenplätzchen

40 Stück

1 1/2 Std.

Zutaten:

150 g Mehl
1 TL Backpulver und 1 Prise Salz
2 EL Milch
100 g weiche Margarine
1 Ei
1/2 Päckchen Bio-Vanillezucker
125 g Brauner Zucker
100 g Schokolade
250 g Haferflocken
125 g gehackte Nüsse
40 ganze Haselnüsse

1. Ei mit Margarine und Zucker schaumig rühren
2. Vanillezucker, Salz und die anderen Zutaten unterrühren
3. Das Ganze zu einem glatten Teig verrühren
4. Löffelweise aufs Backblech setzen
5. Naschkatzen setzen ein kleines Stück Schokolade (1/2 Häuschen) und eine Nuß auf jeden Keks, denjenigen, die es nicht so süß mögen und Kalorien sparen wollen, genügt die Nuß
6. 12–15 Minuten bei 180°C backen

Dattelplätzchen mit Haferflocken

60–90 Min.

Zutaten:

400 g Datteln, getrocknet, ungeschwefelt
(bei Zeitmangel besser entsteint)
200 g Margarine
1 Prise Salz, etwas Zimt
140 g Honig
Schale einer abgeriebenen unbehandelten Zitrone
120 g Dinkelmehl
300 g kernige Haferflocken
100 g Haferkleie, möglichst mit Keim
(Reformhaus)
Butter zum Einfetten

1. Datteln entsteinen und fein würfeln (das braucht Zeit!)
2. Margarine mit Salz, Zimt, Honig und Zitronenschale mit dem Handrührgerät vermischen
3. Mehl mit Haferflocken, Kleie und Datteln mischen, auf den Teig geben und gut verrühren
4. Ein Backblech mit Butter einfetten und den Teig in kleinen Häufchen aufbringen
5. Restlichen Teig als Streusel darüber bröseln
6. Auf der mittleren Schiene bei 175°C 15 Minuten goldgelb backen
7. Nach dem Erkalten auf separatem Brett zu kleinen Schnitten oder Keksen schneiden

Die ballaststoffreichen Kekse sind knusprig und schmecken ausgezeichnet – und außerdem sind sie noch gesund und krebsvorbeugend!

Getränke und Drinks

Erdbeermilch

2 Gläser
5–20 Min.

S
KA

Zutaten:

250 ml Magermilch (1,5 % Fett)
250 g Erdbeeren
(frisch oder aus dem Eisfach)
1 Banane (ca. 150 g)
2 TL Zitronensaft

Alles miteinander pürieren bzw. mixen und genießen.

Beerendrink

2 Gläser
10–25 Min.

S
KA

Zutaten:

250 g Beerenmischung
(süße und saure Beeren gemischt: Erdbeeren, Himbeeren, Brombeeren, Johannisbeeren, Heidelbeeren etc.)
150 g Magerjoghurt
50 ml Magermilch (1,5 %)
evtl. 1 EL Zucker oder Honig

1. Beeren waschen und evtl. schadhafte Beeren entfernen
2. Beeren mit Milch und Joghurt pürieren

Wenn der Drink zu sauer ist, eventuell noch eine Banane mit pürieren. Dieser Beerendrink ist auch eine wunderbare Zwischenmahlzeit. Wer nicht pürieren will, einfach einen Naturjoghurt mit Honig und Sonnenblumenkernen vermischen, Beeren und 3-Korn-Flocken oder Müsli nach Wahl unterziehen.

Melonen-Heidelbeer-Drink – eine köstliche Krebsvorsorge

1 Pers.
5–10 Min.

S
KA

Zutaten:

150 g reife Ogenmelone
(ersatzweise Honigmelone)
150 g Magerjoghurt
50 g Heidelbeeren
1 TL Leinsamen zum Verzieren

1. Melone aus der Schale heraustrennen, zerkleinern, bzw. restliche Melonenstücke in Püriergefäß geben
2. Beeren waschen
3. Obst mit Magerjoghurt in Püriergefäß geben
4. Mischung pürieren
5. Mit dem Leinsamen verzieren und genießen

S

Trauben-Cocktail

4 Gläser

ca. 10 Min.

Zutaten:

150 g kernlose Trauben
100 ml Ananassaft

1. Trauben waschen, Stiele entfernen und in ein Püriergefäß füllen
2. Ananassaft dazugeben, das Ganze pürieren

Sehr dekorativ: auf Holzstäbchen aufgespießte Trauben dazu reichen.

S
KA

Drink mit Grünem Tee

2 Gläser

5 Min.

Zutaten:

1 Beutel Grüner Tee Vanille
(z. B. von Lihn, im Reformhaus in Bio-Qualität erhältlich)
200 ml Apfelsaft

1. Tee nach Anleitung aufkochen (i. d. R. mit nicht ganz kochend heißem Wasser aufbrühen und ca. 3 Minuten ziehen lassen)
2. Tee in Glas füllen und zur Hälfte mit Apfelsaft mischen

Grüner Tee gilt als krebsvorbeugend. Den Tag am Morgen mit dieser Sorte Tee zu beginnen, ist ideal zur Krebsvorsorge. Manch einer oder eine mag jedoch den etwas herben Geschmack des Tees nicht und will auch nicht warten, bis das Gebräu kühl genug ist zum Trinken. Die Mischung mit Apfelsaft spart zum einen Zeit sowie Zucker und bringt zugleich weitere krebsvorbeugende Stoffe ins Glas. Generell sind Ideen zum Mischen von Tee und Fruchtsaft keine Grenzen gesetzt.

S
KA

Haselnussdrink

1 Pers.

5–10 Min.

Zutaten:

1 Becher (150 g) Magerjoghurt
1 TL Instant-Kaffee oder
1 EL starker Kaffee
1 EL gemahlene Haselnüsse
(fertig gemahlen oder Zeit hinzurechnen)
1 TL Zucker

1. Alle Zutaten vermischen und genießen

Durch den Joghurt, die Kaffeesäure und die Nüsse gut zur Krebsvorsorge.

1 Pers.
5–10 Min.

Quarktrunk mit Heidelbeere

S
KA

Zutaten:

50 g Magerquark
50 ml Magermilch (1, 5 %)
100 g Magerjoghurt oder Buttermilch
2 EL Heidelbeeren
1 kleine Banane (ca. 75 g)
1 TL Zucker
1 EL Weizenkeimlinge
1 EL Zitronensaft,
(möglichst frisch gepresst)
1–2 TL Leinsamen

1. Keimlinge 2–3 Tage vorher ansetzen, 2mal täglich wässern und vor der Zubereitung gründlich spülen
2. Quark mit Joghurt, Zucker, Milch, Zitrone, Banane und den gewaschenen Heidelbeeren pürieren
3. Weizenkeimlinge und Leinsamen darüber streuen und genießen

2 Pers.
ca. 10 Min.

Joghurt-Heidelbeer-Mix

S
KA

Zutaten:

200 g Magerjoghurt
3 EL Heidelbeeren (frisch oder gefroren)
2 TL Zitronensaft
2 TL Honig, am besten flüssig,
(z. B. Akazienhonig)
2 TL Weizenkeimlinge

1. Keimlinge 1,5–3 Tage vorher ansetzen, 2mal täglich wässern und vor der Zubereitung gründlich spülen
2. Heidelbeeren waschen
3. Zutaten – außer den Keimlingen – pürieren.
4. Keimlinge über jeden Mix verteilen

1 Pers.
5 Min.

Fruchtjoghurt-Sommer-Drink

S
KA

Zutaten:

100–125 g Fruchtjoghurt
nach Geschmack und Vorliebe,
100–125 g Magermilch (1,5 %)

1. Gleiche Mengen Joghurt und Milch abmessen
2. Miteinander vermischen und genießen

Dieser Joghurt-Drink ist eine herrliche und schnell zubereitete Sommererfrischung am Abend.

S

KA

Gemüse-Mango-Saft oder Gemüse-Sanddorn-Apfelsaft

2 Pers.

ca. 15 Min.

Zutaten:

milchsaurer Gemüse-Saft
Apfel-Mango-Saft
Apfelsaft
Sanddornsaft

1. Gleiche Volumina milchsaurer Gemüse- und Apfel-Mango-Saft,

   Gleiche Volumina milchsaurer Gemüse- und Apfelsaft mit derselben Menge Wasser vermischen und pro 1/4 Liter Saft mit 1–2 EL Sanddornsaft vermischen.

Wie Sie gelesen haben, sind milchsauer vergorene Speisen und auch Säfte sehr gut zur Krebsabwehr geeignet.
Die entsprechenden Säfte erhält man im Reformhaus, z. B. von der Firma Rabenhorst (Bio-Gemüsesaft mit milchsauer vergorenen Rote Bete, Möhren, Sellerie, Kartoffeln und Rettich, Sauerkrautsaft, Rote-Bete-Most ...) oder der Firma Eden, auch im Naturkostfachgeschäft erhältlich.
Der Sauerkrautsaft wirkt außerdem ausgezeichnet, um die Verdauung anzukurbeln. Jedoch schmecken die Säfte nicht allen. Hier kann man sich helfen, indem man die Gemüse- mit Obstsäften vermischt,

S

KA

Wassermelonendrink

2 Pers.

5–10 Min.

Zutaten:

400 g kernlose Wassermelone
200 ml Magermilch
2 TL Zitronensaft

1. Alle Zutaten in einem Gefäß pürieren

   Variantionsmöglichkeit: Wenn Sie der Mischung 1/2 Messlöffel (entsprechend 1 ml) Xanthan untermischen, können Sie das Ganze in die Eismaschine geben und gefrieren.

Anmerkung: Die Arbeitszeit muss entsprechend verlängert werden, wenn es sich um eine normale Wassermelone mit Kernen handelt.

Lexikon

Adipositas
Fettsucht mit einem BMI (s. dort) von über 30.

Antioxidantien
Antioxidantien sind Schutzstoffe, die Reaktionen von umgebenden reaktiven Sauerstoff- und Stickstoffverbindungen mit Fettbestandteilen von Lebensmitteln – das sogenannte Ranzigwerden – behindern. Auch die äußerst reaktionsfreudigen „freien Radikale" (s. Radikale, freie) können sie unschädlich machen.
Um gegen die schädlichen Wirkungen der Radikale und Oxidantien gewappnet zu sein, verfügt der Körper über verschiedene sich gegenseitig ergänzende Schutzmechanismen. So finden sich die verschiedensten Antioxidantien im Blut des Menschen wie: Vitamin C und E, Glutathion und Harnsäure. Einige davon sind als sekundäre Pflanzenwirkstoffe bekannt, andere als Vitamine bzw. Vorstufen davon. Auch einige Enzyme (s. dort) sind daran beteiligt, die schädlichen Substanzen zu entgiften. Wichtige Antioxidantien, die auch wegen anderer Funktionen zugeführt werden müssen, sind Vitamin A, E, C und Selen.
Da die Oxidation von ungesättigten Fettsäuren auch Fette und Öle in der Nahrung betrifft, werden Antioxidantien – auch künstlich hergestellte – zur Haltbarmachung von Lebensmitteln eingesetzt. Einige dieser „Chemikalien" sind bezüglich ihrer gesundheitlichen Verträglichkeit umstritten.

BMI = Body Mass Index
Körpergewicht in Kilogramm, geteilt durch Körpergröße in Metern zum Quadrat (z. B. 70/1,7 X 1,7 = 24,2).

DNS = Abkürzung für Desoxyribonucleinsäure
Träger der Erbinformation

Enzyme
Eiweissverbindungen, die dafür sorgen, dass die zahlreichen biochemischen Prozesse in Lebewesen in die für den jeweiligen Organismus vorteilhafte Richtung laufen.

Ionisierende Strahlung
Strahlung, die eine Ionisation bewirkt, das bedeutet: die jeweiligen Inhaltsstoffe werden in einen elektrisch geladenen Zustand versetzt. Dazu gehört z. B. Röntgenstrahlung, Strahlung, die von einem fehlerhaft arbeitenden Kernkraftwerk ausgeht...

Karzinogene oder Kanzerogene
Krebserzeugende bzw. -auslösende Substanzen

Kleie
Mit Kleie sind die Randschichten des Getreidekorns gemeint. Sie entsteht quasi als Abfallprodukt bei der Herstellung von Auszugsmehlen (Type 405 etc.) und wird z. B. in Form von Kleieflocken, -pulver und sogar als -tabletten angeboten.

Kontamination
Verunreinigung, Verschmutzung durch biologische Gifte, radioaktive oder chemische Stoffe

Mikroorganismen
Nur im Mikroskop sichtbare Lebewesen wie Bakterien, Mikroalgen, Mikropilze und Viren.

Mutationen
Veränderungen der Erbsubstanz, die unter anderem durch synthetische (künstlich hergestellte) Chemikalien erzeugt werden können. Mutagene Effekte können bleibender Natur sein und sich im Laufe des Lebens summieren und z. B. Krebs erzeugen.

Mykotoxine
Gesundheitsschädigende Stoffwechselprodukte von Schimmelpilzen. Sie können krebserzeugend sein, Schäden an der Erbinformation (DNA, siehe dort) hervorrufen oder zu Missbildungen am Embryo führen.

PCDF = Polychlorierte Dibenzodioxine und -furane
Stoffgruppe, die als unerwünschte Nebenprodukte bei Verbrennungsvorgängen oder als technische Verunreinigungen bei Herstellungsprozessen entstehen.

Präbiotisch
Präbiotisch bedeutet, dass das jeweilige (Milch-)Produkt mit den Ballaststoffen Oligofruktose oder Inulin angereichert ist, die sich positiv auf die Darmflora auswirken sollen. Ihre Aufgabe ist es, das Wachstum und die Aktivität erwünschter Darmbakterien (Bifidobakterien) zu fördern. Diese Ballaststoffe kommen völlig natürlich in vielen Gemüsearten vor, z. B. Chicorée, Zwiebeln, Lauch, Spargel und Artischocken. Sie beeinflussen nachweislich die Zusammensetzung der Darmflora.

Probiotisch
Probiotisch bedeutet, dass die enthaltenen Bakterien nach dem Verzehr in ausreichender Menge lebend in den Darm gelangen und dort positive gesundheitliche Wirkungen entfalten. Dazu gehören die Verringerung der Häufigkeit und Dauer von Durchfallerkrankungen, erhöhte Immunaktivität, Vorbeugung dem Wiederauftreten von oberflächlichem Blasenkrebs. Die verwendeten Bakterien stammen ursprünglich aus dem menschlichen Darm. Sie können auch in Pulverform im Reformhaus (z. B. Firma Natura) gekauft werden.

Radikale, freie
Hier handelt es sich um sehr reaktionsfreudige, aggressive, instabile Verbindungen, in der Regel sauerstoffhaltig, die im Körper Zellwandbestandteile und Erbsubstanz schädigen oder sogar zerstören können. Ihnen fehlt ein sogenanntes Elektron, das sie versuchen wieder an sich zu reißen – aus anderen Substanzen und Verbindungen. Treffen sie dabei auf Erbinformationen, können sie deren Informationsgehalt ändern. Dadurch kann eine möglicherweise krebsauslösende Mutation (Erbgutveränderung) entstehen, die auf diejenigen Zellen, die aus der ursprünglichen hervorgehen, vererbt werden kann. Sie sind u.a. an der Entstehung von Krebs beteiligt und lassen den Körper altern. Sie werden auch im Körper selbst gebildet und von außen zugeführt, z. B. über die Nahrung, Tabakrauch, bestimmte Arzneimittel wie z. B. dem fiebersenkenden Paracetamol oder Umweltgiften der Luft bzw. Abgase. Auch durch den Einfluss von UV- (Sonnenbaden) und radioaktiven Strahlen entstehen sie. Nicht nur bei Rauchern, auch bei Vielfliegern lassen sich größere Mengen freier Radikale feststellen.
Der Mensch hat bestimmte Schutzmechanismen entwickelt, um diese aggressiven Teil-

chen zu „entgiften". Durch die moderne Lebensweise mit ihren vielen Belastungen, wie auch dem Stress oder Umweltschadstoffen, werden freie Radikale jedoch oftmals in solchen Mengen erzeugt, dass der Körper ohne Unterstützung nicht mehr damit fertig wird. Einige Antioxidantien (siehe dort) wie z. B. Vitamin C und E verhindern die Reaktionen der Radikale, indem sie sie chemisch verändern. Andere Antioxidantien wie z. B. zahlreiche sekundäre Pflanzenstoffe, das Spurenelement Selen sowie die Vitamine C und E binden dagegen freie Radikale und werden deshalb als Radikalenfänger bezeichnet.

Sekundäre Gallensäuren

Sekundäre Gallensäuren entstehen im Rahmen der Verdauung im Dickdarm. Sie werden durch Bakterien aus primären Gallensäuren gebildet. Diese wiederum gehen auf Cholesterin zurück, das in der Leber entsteht und mit der Galle in den Darm ausgeschieden wird. Sie zählen zu den „genotoxischen" Substanzen, das heißt, sie haben eine giftige Wirkung auf die Erbsubstanz, sie schädigen die DNA. Beide Gallensäuren werden von bestimmten Ballaststoffen gebunden. Durch die Ausscheidung der Fettsäuren werden Wirkstoffe (Enzyme) gehemmt, durch die primäre Gallensäuren zu sekundären abgebaut werden. Eine ballaststoffreiche Kost verringert die Bildung von sekundären Gallensäuren.

Sporen

Dauerhafte Überlebensformen von Bakterien und Pilzen, die nahezu alle widrigen Lebensumstände wie Trocknung, extreme Hitze, Kälte, Strahlung etc. aushalten.

Standardtherapien der Krebsbehandlung

Die Standardmethoden der Krebstherapie sind Operation, Chemotherapie und Bestrahlung. Bei einigen Tumorarten werden auch Hormone oder die Immuntherapie eingesetzt. Je nach Art und Ausdehnung der Krebsart wird die Behandlungsform gewählt bzw. die verschiedenen Varianten kombiniert.

Synbiotika

Hier handelt es sich um eine Kombination aus Pro- und Präbiotika.

Hilfreiche Adressen und Informationen

Krebsinformationsdienst (KID), Deutsches Krebsforschungszentrum Heidelberg

(Tel.: 06221/410121): Tumorzentrum Heidelberg/Mannheim; Im Neuenheimer Feld 280, D-69120 Heidelberg. Telefonberatung zu Krebsrisikofaktoren, -vorbeugung, -diagnostik, -therapie und Nachsorge für Krebskranke und Angehörige. Bundesweite Adressenvermittlung von Krebszentren, Nachsorgekliniken etc.
Tel. 06221-410121 (Mo. - Fr. v. 8 - 20 Uhr).

Deutsche Krebshilfe e.V.

Thomas Mann Str. 10, 53111 Bonn, Tel.: 0228/729900, Fax. 0228/7299011.
Beratung zu psychosozialen und sozialrechtlichen Fragen, Auskunft über Anlaufstellen für individuelle Probleme, Broschüren zu vielen krebsbezogenen Themen wie Vorbeugung, Früherkennung, Behandlung, Vorsorge, einzelne Krebsarten, Nachsorge, verschiedene Therapien.

Deutsche Krebsgesellschaft e.V.

Psychosoziale Krebsberatungsstelle

Hanauer Landstr. 194, 60314 Frankfurt am Main; Tel.: 069/6300960 Fax: 069/639130
Fachgesellschaft für alle wissenschaftlichen und klinischen Fragen zur Krebsforschung, -therapie und -vorbeugung. Für Betroffene bietet sie Informationen in Form von Broschüren und vermittelt Kontakte zu regionalen Beratungsstellen und Selbsthilfegruppen, mit Stellen in Berlin, Stuttgart, Potsdam, Bremen, Hamburg, Marburg, Schwerin, Hannover, Düsseldorf, Koblenz

Gesellschaft für biologische Krebsabwehr e.V.

Hauptstraße 44, 69117 Heidelberg, PF 10 25 49, 69015 Heidelberg, Fax: 06221/13802-20, Tel: 06221 /13802-0
unterhält neben der Hauptgeschäftsstelle zehn regionale Beratungsstellen z. B. in Hamburg, Berlin, Dresden, Chemnitz, Nordrhein Erkrath, Wiesbaden, München.
Gibt Informationen zu unkonventionellen Behandlungsmethoden, ganzheitlichen Therapien bei Krebs, biologischen Therapien. Adressen von Kliniken und Therapeuten

Arbeitsgruppe Biologische Krebstherapie

an der 5. Medizinischen Klinik, Klinikum der Stadt Nürnberg, Institut für Medizinische Onkologie, Hämatologie und Knochenmarktransplantation, Klinikum Nürnberg Nord, Prof.-Ernst-Nathan-Str. 1, 90491 Nürnberg, Telefonberatung: wochentags von 9.00 bis 12.00 und 14.00 bis16.00 unter 0911 / 398-30 56

Deutsches Institut für Ernährungsforschung Potsdam-Rehbrücke: (DIfE)

Arthur-Scheunert-Allee 114-116, 14558 Bergholz-Rehbrücke; dieses Institut hat die Aufgabe, neue Erkenntnisse über den Zusammenhang zwischen Ernährung und Gesundheit zu gewinnen, auch Ernährung und bösartige Entartung (Krebs).

World Cancer Research Fund (WCRF)

105 Park Street, London W1Y 3FB, Tel.: +44 020 7343 4200
Einzige internationale Organisation, die ihre Arbeit ausschließlich der Krebsprävention durch gesunde Ernährung und gesunden Lebensstil widmet. Sie hat sich die Aufgabe gestellt, weltweit wissenschaftliche Erkenntnisse über den Zusammenhang von Ernährung und Krebs zu verbreiten und das Verständnis dafür zu fördern, dass das Krebsrisiko durch gesunde Ernährung und eine entsprechende Lebensweise reduziert werden kann.

Rauchertelefon des Deutschen Krebsforschungszentrums:

Montag bis donnerstags von 15 bis 19 Uhr, freitags von 14- 18 Uhr: Tel.: 06221/424200: Auch eine Broschüre kann man dort erhalten.

Stiftung LebensBlicke / Früherkennung Darmkrebs

Geschäftsstelle Bremserstraße 79, 67063 Ludwigshafen, Telefon: 06 21 / 503 41 16, Telefax: 06 21 / 503 41 12, Telefonhotline: 08 00 / 22 44 22 1

Deutsche Arbeitsgemeinschaft Selbsthilfegruppen

Friedrichstr. 28, 35392 Gießen, Tel.: 06 41 / 70 22 478

Bayerische Krebsgesellschaft e.V.

Nymphenburgerstr. 21a , 80335 München, Tel.: 0 89 / 54 88 40–0: Geschäftsstellle, 548840-21, -22, Fax: 089 / 54 88 40 - 40
Beratung zu sozialen Fragen, zur psychosozialen Nachbetreuung, vermittelt Selbsthilfegruppen, Informationsbroschüren zu Behandlung, Vorsorge und Nachsorge

Internet-Informationen:
www.5amtag.de: Internetadresse der Kampagne „**5 am Tag**“ s. Teil VI

Deutsche Krebshilfe e.V.
www.krebshilfe.de

Gesellschaft für biologische Krebsabwehr e.V.
Email: information@biokrebs.de, Internet: www.biokrebs.de

www.inkanet.de
Informationsnetz für Krebspatienten und ihre Angehörigen. Die Gründerin, Frau Anja Forbiger, will damit „Licht in den Informationsdschungel“ bringen.

www.arztauskunft.de
Ca. 160.000 Arztadressen und Kliniken aus dem Bundesgebiet, dabei Suche nach Therapieschwerpunkten

Deutsches Institut für Ernährungsforschung Potsdam-Rehbrücke: (DIfE)
www.dife.de

Stiftung LebensBlicke / Früherkennung Darmkrebs
E-Mail: LebensBlicke@t-online.de, Internet: http://www.lebensblicke.de

www.nakos.de:
Abkürzung für „Nationale Kontakt- und Informationsstelle zur Anregung und Unterstützung von Selbsthilfegruppen“; vermitteln Ansprechpartner
Wilmersdorfer Straße 39, D-10627 Berlin, Tel.: +49 30 - 31 01 89 60,
Fax: +49 30 - 31 01 89 70, E-Mail: selbsthilfe@nakos.de

www.krankenkasseninfor.de:
wenn Sie wissen wollen, welche Leistungen und Zuzahlungen Sie für Ihre Krebsvorsorge bekommen bzw. leisten müssen

www.unserehaut.de
Informationen der Arbeitsgemeinschaft Dermatologische Prävention (ADP) zum Thema Hautkrebs

www.euroskin.org
Internetadresse von EUROSKIN, der europäischen Gesellschaft zur Hautkrebsprävention, die unter anderem das Ziel hat, Hautkrebs zu verhindern und richtig zu behandeln

Deutsches Krebsforschungszentrum Heidelberg
http://www.dkfz-heidelberg.de/; www.krebsinformation.de

Daten zum Kolonkarzinom
http://www.med.uni-muenchen.de/trm/daten/kolon/homepage.html

Die blauen Ratgeber der Deutschen Krebshilfe
http://www.krebshilfe.de/ratgeber/ratgeber.asp?Nr=1&brosch=ratgeber06

Informationsseiten des Verbundprojektes der Deutschen Krebshilfe „Familiärer Darmkrebs“:
http://www.hnpcc.de/
800 nützliche Internet-Adressen zum Thema Krebs
www.krebs-webweiser.de

Literaturverzeichnis

- Dietrich Beyersdorff: „Natürlich gegen Krebs": UGB-Forum 4/01
- Wolfgang Bödeker, Chrits Dümmler (Hrsg.): Pestizide und Gesundheit: Vorkommen, Bedeutung und Prävention von Pestizidvergiftungen.– 2. Aufl. aus der Reihe Alternative Konzepte, Verlag C. F. Müller, Karlsruhe, 1993
- Angela Clausen et al.: „Gewicht im Griff" – Ein Ernährungsprogramm für Ihre Gesundheit 2000, Verbraucherzentrale NRW, Düsseldorf, 10. Aufl. August 2000
- „Krebsprävention durch Ernährung".– Eine Broschüre des **Deutschen Instituts für Ernährungsforschung**, Potsdam-Rehbrücke (DIFE), beruhend auf einem 670-seitigen Bericht des World Cancer Research Fund (WCRF) und des American Institute for Cancer Research (AICR) unter dem Titel: „Food, Nutrition and the prevention of Cancer: a global perspective".1999 World Cancer Research Fund
- **„Einblick"** – Zeitschrift des Deutschen Krebsforschungszentrums 3/2001
- Dr. Andrea Flemmer: „Essen ohne Risiko – Bio – Die Alternative": Umschau-Verlag Frankfurt, 2002
- „Nahrungsmittel zwischen Natur u. Retorte: Was essen wir wirklich?": **GSF mensch+umwelt**, Ein Magazin des GSF Forschungszentrums für Umwelt und Gesundheit Neuherberg spezial, 14. Ausgabe 2000
- **„Gesundheit in Wort & Bild"**, Februar 1998, W&B-Verlag Baierbrunn: „Krebs Risiken meiden, Vorsorge nutzen"
- „Gekochtes Gemüse ist oft gesünder" (September 1999), „Mit Tomaten gegen Krebs" (März 2001), „Essen gegen Krebs? Fünf Hand voll Obst und Gemüse am Tag" (Juli 2002). – **„Gesundheit"**, W&B-Verlag Baierbrunn
- Magnus Heier: „Man ist, was man isst: Functional Food. Vitamine gegen Krebs, Margarine gegen Herzinfarkt...": Capital II/2002
- „Gesünder Leben" Kursprogramm der KKH „Richtig essen" – Gesellschaft für Ernährungsberatung mbH Bonn, 1994
- Karl von Koeber, Jürgen Kretschmer: Zukunftsfähige Ernährung – Gesundheits-, Umwelt-Wirtschafts- und Sozialverträglichkeit im Lebensmittelbereich: ERNO 1 (1) 39–46 (2000)
- Christine Kretschmer & Dr. Alexander Herzog: „Gesunde Ernährung bei Krebs".– Karl F. Haug Verlag, Hüthig GmbH, Heidelberg, 12. Aufl. 1998
- Maier, H. u.a.: „Auch wenig Alkohol erhöht die Krebsgefahr – Alkoholkonsum und Krebs des oberen Aerodigestivtraktes bei Frauen". In: Deutsche Medizinische Wochenschrift 124, S. 851-854, 1999 © 2001 UGB
- Dr. oec.troph. Claudia Müller: „Krebs: Wie die Nahrung schützen kann". Aus dem Internet am 25.8.01 www.ugb.de
- Ökotest Nr. 12 vom Dezember 2000: „Krebsvorsorge: Grüner Tee"
- Reformhauskurier – Das Magazin für gesundes Leben. – Deutscher Reform-Verlag GmbH, Oberursel, Juli 2002
- Barbara Rias-Bucher: „Brigitte Vollwert Diät". Brigitte bei Wilhelm Goldmann Verlag München Taschenbuchausgabe September 1994
- Astrid Schobert & Prof. Dr. Dr. med. Wilfried Diebschlag: „Ernährungsratgeber zur Unterstützung einer Krebsvorbeugung und zur Stärkung in der Nachsorge".– Deutscher Reform-Verlag GmbH, Bad Homburg, Mai 2000

- Souci – Fachmann – Kraut, Die Zusammensetzung der Lebensmittel. Nährwert-Tabellen .– H. Scherz (Hrsg.), F. Senser, Medpharm, 6. Aufl., Stuttgart 2000
- „Mit Messer und Gabel gegen den Krebs – alles nur Humbug?" (29.10.2002), „Ein Blick genügt! Keine Chance dem Darmkrebs!", „Kartoffel, Spargel & Co – Die gesunde Frühjahrsküche" aus der Sendung „Die Sprechstunde", 2002, zu finden unter www.br-online.de
- „Krebs und Ernährung – Risikofaktor Fett, Risikofaktor Alter", – Stiftung Warentest Nr. 5/1993
- „Krebsfrüherkennung lebensrettend: Aktion gegen Darmkrebs", „Vollkorn: Die Pluspunkte überwiegen". – **Stiftung Warentest** Berlin Februar 1997
- „Was bedeuten die E-Nummern? Lebensmittel-Zusatzstoff-Liste": **Verbraucher-Zentrale Hamburg e.V**. (Hrsg.). – ISBN: 3-922940-15-3, März 2000, 59. Auflage
- „Gesundheitskost gesunde Kost?" Ein Wegweiser durch Werbung und Wirklichkeit. – Verbraucherzentrale Nordrhein-Westfalen e. V,. Düsseldorf et al., 6. Aufl., 1999
- Bernhard Watzl & Claus Leitzmann: „Bioaktive Substanzen in Lebensmitteln" – Hippokrates Verlag GmbH, Stuttgart, 1995 und 1999

Zusätzliche Literatur für Kapitel I

Beyersdorff, Dietrich.: Natürlich gegen Krebs, „Der Mechanismus der Krebsentstehung ist mehrstufig" und „Wie beeinflusst die Ernährung die Krebsentstehung?"– UGB-Forum 4/01 s. Internet http://www.ugb.de/krebs

Zusätzliche Literatur für Kapitel II

- Ökotest: Ratgeber Essen, Trinken und Genießen 2: April 2002: Erdbeeren: Verbotene Früchte und: Paprika: Giftige Schoten
- ÖKO-TEST Mai 2002: Karotten, Bundkarotten: Kraut und Rüben: im Internet unter www.ökotest.de
- Holmes, M.D. et al.: Association of dietary intake of fat and fatty acids with risk of breast cancer. In: Journal of the American Medical Association 281 (10), 10. März, S. 914-920, 1999 © 2001 UGB

Zusätzliche Literatur für Kapitel III

- Dr. Andrea Flemmer: „Neue Autos braucht das Land" .– UMWELT kommunale ökologische Briefe Nr. 09/25.04.2001, Umweltarchiv Nr. 09
- Walter Baier: „Strahlenbelastung durch Kochen und Heizen" – in: Technik Heute, 8/1987
- „Die Verantwortung der Landwirte": Eco-News, Rubrik Gesundheit vom 11.9.2001, Binex GmbH, CH-8107
- Interview mit Studenten der Fachhochschule München und ihrer Dozentin Frau Dr. Flemmer, Martin Mayer vom Stumbeck-Hof von Günther Weinzierl für den Bayerischen Rundfunk, Juni 1997
- „Vorsicht Geschmack: Was ist drin in Lebensmitteln? Mit einem Lexikon der Zusatzstoffe": Udo Pollmer/Cornelia Hoicke/Hans-Ulrich Grimm. – S. Hirzel Verlag Stuttgart Leipzig 1998
- Zeitschrift „Der Spatz", München, vom Sept./Okt./Nov. 4/01 „BSE-Gefahr im Hühnerstall?"
- „Ein erster Schritt in Richtung einer drastischen Reduzierung von Acrylamid in Lebens-

mitteln"; BGVV (Bundesinstitut für gesundheitlichen Verbraucherschutz und Veterinärmedizin), Berlin, Information vom 14.8. 2002
- „Acrylamid in Lebensmitteln: Ein ernstzunehmendes gesundheitliches Risiko. Erste erfolgversprechende Ansätze zur Senkung der Gehalte sind vorhanden": BGVV, Berlin, Information vom 30. August 2002

Zusätzliche Literatur für Kapitel IV

- „Neue Chemie in Lebensmitteln": Katalyse, Institut für angewandte Umweltforschung. – Zweitausendeins, Frankfurt, ISBN 3-86150-119-8, 48. Auflage, 1995
- „Welchen Beitrag leistet die Ernährung zur Krebsprävention?", 23.05.2002: www.nutriinfo.de
- Ernährungs-Umschau 48 (2001) Heft 12: Flavonoide: Bernhard Watzl und Gerhard Rechkemmer, Karlsruhe
Basen aktualisiert

Zusätzliche Literatur für Kapitel V

- Auskunft Frau Walz, Servicezentrum München der KKH (Kaufmännische Krankenkasse) und Frau Rampf, Leistungsabteilung der SBK (Siemens-Betriebskrankenkasse) München, für Privatkrankenkassen: http://www.privatkrankenversicherung.de/krankenversicherung/privat_oder_gesetzlich_leistungsunterschiede.html

Zusätzliche Literatur für Kapitel VI:

- Ibrahim Elmadfa & Claus Leitzmann: Ernährung des Menschen: 2. Aufl. Stuttgart, Verlag Eugen Ulmer GmbH & Co, 1990
- „Gesund bis ins hohe Alter": Dr. Tony Schwaegerl.– RSN-Verlag München, 1993
- Dirk Maxeiner, Michael Miersch: Lexikon der Öko-Irrtümer. – Eichborn GmbH & Co. KG, Frankfurt am Main, Juni 1998
- Öko-Test Ratgeber Ernährung: Rüdiger Dammann (Hrsg.).– Rowohlt Taschenbuch Verlag GmbH, Reinbek, 1995
- 10 Regeln für eine vernünftige Ernährung.– Auswertungs- und Informationsdienst für Ernährung, Landwirtschaft und Forsten (AID) e. V. Bonn, 1986
- Zusammenfassung aus Müller, H. et al.: „Plasma concentrations of carotenoids in healthy volunteers after intervention with carotenoid-rich foods" „Krebsschutz durch Gemüsesaft". In: European Journal of Nutrition 38, S. 35-44, 1999; aus: 2001 www.ugb.de
- „Sieben Ernährungsregeln gegen Krebs": www.ugb.de, August 2001

Zusätzliche Literatur für Teil B

- Jacqueline Fessel und Margrit Sulzberger: Die schnelle Vollwert-Küche, AT Verlag Aarau, Stuttgart, 1993
- Annelies Furtmayr-Schuh: Die 30-Min. BioKüche. – 1996 Georg Thieme Verlag, Stuttgart
- Veronika Müller: „Schnell kochen, gut essen: reizvolle Rezepte und zeitsparende Tips": Gräfe und Unzer GmbH, München, 1. Aufl. 1985
- Gina Righi-Spanfellner: „Schlank mit Vollwertkost Einfach abnehmen und schlank bleiben".- Gräfe und Unzer GmbH, München, 1. Aufl. 1990
- www.webkoch.de
- http://www.bluephod.net/